Mistério do Guardião do Arco-Íris Divino

O Início do Sonho

Rubens Saraceni

Mistério do Guardião do Arco-Íris Divino

O Início do Sonho

MADRAS

© 2016, Madras Editora Ltda.

Editor:
Wagner Veneziani Costa

Produção e Capa:
Equipe Técnica Madras

Digitação:
Elisangela Junqueira
Katia Mattos

Revisão:
Arlete Genari
Silvia Massimini Félix

Dados Internacionais de Catalogação na Publicação (CIP)
(Câmara Brasileira do Livro, SP, Brasil)

Saraceni, Rubens
  Mistério do Guardião do Arco-Íris Divino O ínicio do sonho/Rubens Saraceni. – São Paulo: Madras, 2016.

  ISBN 978-85-370-1029-7

  1. Romance brasileiro 2. Umbanda (Culto)
  I. Título.
  16-06597   CDD-299.672
  Índices para catálogo sistemático:
  1. Romances mediúnicos: Umbanda 299.672

É proibida a reprodução total ou parcial desta obra, de qualquer forma ou por qualquer meio eletrônico, mecânico, inclusive por meio de processos xerográficos, incluindo ainda o uso da internet, sem a permissão expressa da Madras Editora, na pessoa de seu editor (Lei nº 9.610, de 19/2/1998).

Todos os direitos desta edição reservados pela

MADRAS EDITORA LTDA.
Rua Paulo Gonçalves, 88 – Santana
CEP: 02403-020 – São Paulo/SP
Caixa Postal: 12183 – CEP: 02013-970
Tel.: (11) 2281-5555 – Fax: (11) 2959-3090
www.madras.com.br

Prefácio

Por Wagner Veneziani Costa

É com muita emoção que entregamos a você esta obra inédita do nosso eterno Amigo e Irmão Rubens Saraceni, que desencarnou em 9 de março de 2015. Tivemos a honra de tê-lo como autor de mais de 50 títulos publicados pela Madras Editora, mas principalmente de poder contar com seu carinho, amizade, energia positiva, conselhos, magias divinas, que só um amigo verdadeiro pode nos oferecer. Quantas vezes ele esteve em minha sala, na sede da editora, e riscou mandalas maravilhosas para o meu sucesso material e espiritual. Que saudade...

Nos momentos mais difíceis de minha vida, Rubens estava presente, sendo um deles quando minha mãe, Cleuza M. Veneziani Costa, que era sua fervorosa "filha espiritual", também fez seu desenlace, e outro quando eu enfartei e, durante minha cirurgia, estive do outro lado da vida e voltei para esta existência terrena. Não foram poucas as orações e vibrações positivas que esse meu amigo me enviou nesses dias de provações pelas quais passei. Só posso ter sentimentos de Gratidão, Respeito e muito Amor por esse ser especial!

Mas quis a vida e o Grande Arquiteto do Universo que Rubens regressasse ao mundo espiritual, para, de lá, seguir sua trajetória junto daqueles sobre quem ele tanto escreveu em seus livros. Aí então muitos podem dizer: "Ah, ele foi para o Umbral"? Primeiramente, acreditamos que Céu e Inferno são realidades distintas vivenciadas em todas as dimensões do Universo, inclusive aqui mesmo, entre nós encarnados. Mas isso é assunto para outra oportunidade. Estamos falando dos nossos amigos Exus, Pombagiras e Guardiões, sim, mas também dos Mestres e Magos da Luz e de tantos outros seres espirituais, que o tinha na conta de um mensageiro no orbe terrestre.

Como sabemos que a vida é um ato contínuo, tempos depois da passagem do Rubens, recebi na Madras sua família (Dona Alzira e seus filhos: Graziela, Stela e Maurício), para fazermos uma explicação administrativa de todas as obras do Rubens que temos em nosso catálogo. Foi um encontro muito fraterno no qual ambas as partes tinham certeza de que os livros dele continuariam sendo publicados, inclusive vários títulos inéditos que o Rubens havia comentado conosco por diversas vezes.

Em meados de julho deste ano, novamente a família Saraceni veio nos visitar e, nessa ocasião, anunciou que nos enviaria, a princípio, duas obras inéditas do Rubens para a Madras publicar. Dia 21 de julho recebemos os originais, em folha de caderno, com a letra do autor, de dois romances mediúnicos: *A Lei e a Vida* e *Mistério do Guardião do Arco-Íris Divino — O Início do Sonho*, com uma cartinha muito amável de sua filha Graziela Saraceni, com os seguintes dizeres:

"Meu pai deixou muitas obras psicografadas, algumas que foram publicadas e outras não. Há muitos anos, ele pediu para que não deixássemos suas obras morrerem: 'Continuem publicando, mesmo eu não estando aqui na Terra'. Lembrei onde estavam as pastas e tomei a liberdade de abri-las e ver quais foram publicadas e as que não foram. Estou enviando dois romances mediúnicos de autoria Dele. Em nome da Família Saraceni, agradecemos o Carinho e o Respeito em relação ao Meu Pai, o saudoso Rubens Saraceni. Muitíssimo Obrigada. Nosso agradecimento à Equipe da Madras, Sr. Wagner Veneziani Costa! Aos leitores, nossa eterna Gratidão e nosso Carinho! Abraços Fraternais! Graziela Saraceni".

Como sou ousado, desafiei minha equipe editorial para lançarmos na Bienal Internacional do Livro de São Paulo, no mês seguinte, esses dois livros. Desafio aceito e partimos para a digitação, revisão, diagramação, criação de capa e textos de quarta capa, registros no ISBN e solicitação de ficha catalográfica, além da parte gráfica, sem contar que estávamos com a produção de mais de 40 obras que seriam lançadas também na Bienal. Resultado: em 30 dias os dois livros inéditos do Rubens estavam prontos!

E aqui está o resultado dessa parceria fraterna! Agradeço à Família Saraceni pela confiança em nosso trabalho e, especialmente, por esse carinho e respeito para com a Família Madras! E para todos nós, leitores do Mestre Mago Rubens Saraceni, é uma honra ter conosco uma parte dessa herança que ele deixou a todos nós!

Prefácio

Para aqueles que tiverem dúvidas sobre a autenticidade dos textos, eis aqui um fac-símile da primeira e da última página do manuscrito original desta obra, escritas de próprio punho por nosso autor. Eu jamais brincaria com algo tão sério quanto a honestidade e a veracidade deste ou de qualquer outro livro publicado por minha editora:

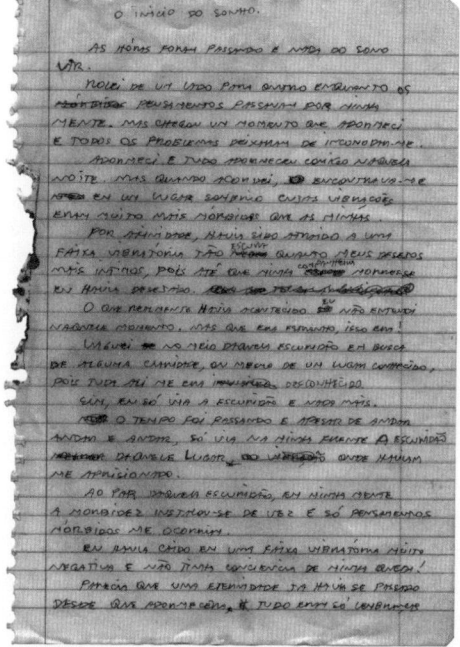 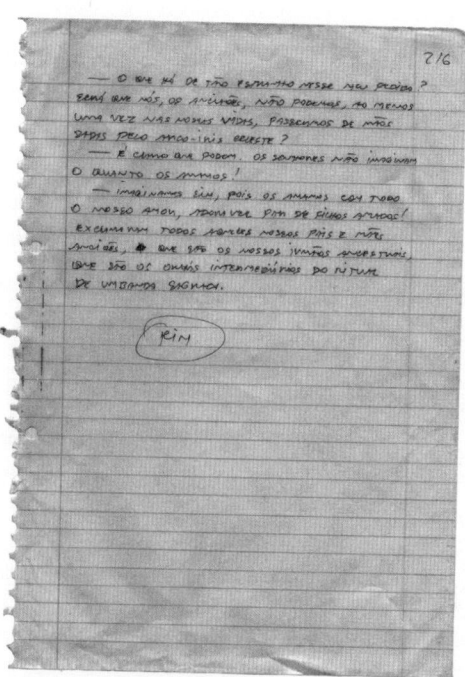

Muito grato, meu Amigo e Irmão Rubens Saraceni! Recebi seu recado, pela sua querida, eterna e valorosa mulher, Alzira, que estava reunida com Stela, Maurício e Graziela, a qual naquele momento sentiu sua presença entre eles e manifestou, por intermédio dela, o seu desejo de era para que eu, e mais ninguém, fizesse este Prefácio! Ei-lo, Rubão! Missão dada, missão cumprida!

Seu Irmão e Amigo de Todo o Sempre,

Wagner Veneziani Costa
Presidente e Editor-Geral da Madras Editora

As horas foram passando e nada de o sono vir. Rolei de um lado para o outro, enquanto os pensamentos passavam por minha mente. Mas chegou um momento em que adormeci e todos os problemas deixaram de incomodar-me.

Adormeci e tudo adormeceu comigo naquela noite. Mas, quando acordei, encontrava-me em um lugar sombrio cujas vibrações eram muito mais mórbidas que as minhas.

Por afinidade, havia sido atraído a uma faixa vibratória tão escura quanto meus desejos mais íntimos, pois eu havia desejado até mesmo que minha companheira morresse.

O que realmente havia acontecido eu não entendi naquele momento. Mas que era estranho, isso era! Vaguei no meio daquela escuridão em busca de alguma claridade, ou mesmo de algum conhecido, pois tudo ali me era desconhecido. Sim, eu só via a escuridão e nada mais.

O tempo foi passando e apesar de andar, andar e andar, só via na minha frente a escuridão daquele lugar onde haviam me aprisionado. Ao par daquela escuridão, em minha mente a morbidez instalou-se de vez e só pensamentos doentios me ocorriam.

Eu havia caído em uma faixa vibratória muito negativa e não tinha consciência de minha queda! Parecia que uma eternidade já havia se passado desde que eu adormecera, tudo eram só lembranças mórbidas e tristes.

Lembrei-me dos saudosos guias espirituais que iluminavam minha vida, dos alegres Exus que, sempre às gargalhadas, afastavam meus temores de perigosas ameaças invisíveis.

Sim, para eles, nossos Exus, mesmo as mais assustadoras ameaças são motivo para debochadas gargalhadas, já que eles sabem que nossos medos são apenas os reflexos de nossos próprios erros... presentes ou do passado adormecido.

É, quantas vezes não me dirigi a um desses companheiros e, assombrado pelo temor, fui recebido com uma risada alegre que tinha o dom de descontrair-me e transmitir-me uma confiança inexistente até poucos instantes atrás?

Hoje sei que os Exus atuam muito mais a partir de nossos medos, quando nos devolvem a autoconfiança, a partir de seus próprios poderes. Eles nos recebem e nos descontraem, devolvem nossa autoconfiança e, sem que saibamos como, logo estamos lutando novamente por nossos objetivos e desejos, aos quais havíamos abandonado porque não acreditamos mais em nós mesmos.

Sim, enquanto me lembrava de meus guias espirituais, ia deduzindo coisas que até então nunca haviam me ocorrido. E foi pensando nos guias que mentalmente comecei a clamar por suas presenças.

Mas meus clamores ecoavam tão intensamente que meus tímpanos quase explodiram. Deduzi que não saíam daquela faixa vibratória onde eu me encontrava, ou haviam me aprisionado.

Clamei aos sagrados Orixás e o mesmo aconteceu. Então clamei a Deus e o eco foi tão forte que caí de joelhos. Nem pensar em socorro eu podia, pois minhas vibrações mentais ecoavam e retornavam já ampliadas aos meus ouvidos, ferindo meus tímpanos.

Todos os meus pensamentos começavam a retornar e a única forma de livrar-me daquele incômodo foi não pensar em nada, absolutamente nada!

Algum tempo depois, comecei a sentir que meus tímpanos voltavam ao normal. Mas naquele não pensar, um silêncio perturbador começou a incomodar-me.

Voltei a pensar para livrar-me do silêncio, e os ecos atordoaram-me. Então parei de pensar novamente e conformei-me com o silêncio.

No mais absoluto silêncio, ouvia meus passos e deduzi que pisava sobre uma areia seca, muito seca!

E só então percebi que estava descalço, pois não suportava pisar na terra.

Mas descobri também que estava nu!

– Meu Deus! O que aconteceu comigo? Onde estou e por que estou assim? – exclamei assustado.

O eco foi tão ensurdecedor que me ajoelhei e tapei os ouvidos com as mãos, tentando não ouvir minha voz e meus temores.

Ainda ajoelhado, quando os ecos cessaram, colhi um pouco daquela areia nas mãos e senti que realmente ali era seco, muito seco!

Então, ocorreu-me que poderia estar no meio do "Saara" espiritual, e exclamei:

– Meu Deus! Estou nu, descalço e no meio de um deserto? E se ficar com sede? Morrerei, com certeza!

O eco ensurdecedor jogou-me contra o solo arenoso, e rolei de tanta dor que senti nos ouvidos.

Aquietei-me de vez e nada mais falei ou pensei. Quando a dor desapareceu, levantei-me e segui em frente, já que não via nada além da escuridão total.

Levei minhas mãos até diante dos olhos e não as vi. Olhei meu próprio corpo e não o vi. Prestei atenção no que eu via e nada enxerguei além de uma escuridão total. Então concluí que nada via, nada podia pensar ou dizer, e isso sem contar que estava no meio de um deserto arenoso.

– Será que fiquei cego? – perguntei-me.

Mas no mesmo instante já me arrependia por ter me perguntado aquilo.

– Não pensar! É isso, e nada mais – deduzi.

Algum tempo depois, com os ouvidos ainda doloridos, voltei a caminhar pelo deserto espiritual.

Nada pensava, dizia ou via! E caminhei, caminhei e caminhei.

Talvez eu já tivesse passado dias, meses ou anos naquela caminhada silenciosa, pois também tinha perdido a noção do tempo.

Era estranho, mas não me cansava de tanto caminhar e, com o passar do tempo, comecei a sentir a textura da areia onde pisava. Às vezes a sentia muito fina; outras, mais grossa; e em outras até sentia algumas pedrinhas misturadas a ela.

Como não via nada, fui apurando minha percepção e, quando pisava em alguma daquelas pedrinhas, abaixava-me e a pegava, tentando identificá-la. Pareciam pedregulhos! E eu quase podia vê-los!

Fui apurando, sem saber que o fazia, uma visão percepcional. Ou seja: não via com os olhos, mas sim com minha percepção.

Acho que já haviam passado séculos (em meu não pensar, não falar e não ver) quando pisei em uma pedra maior, que deixou a sola de meu pé meio dolorida.

Apanhei aquela pedra e olhei com minha visão percepcional até visualizá-la bem. O tato era de fundamental importância naquela contemplação percepcional.

O que não via, podia sentir com a ponta dos dedos. Eu me sentei para visualizar melhor aquela pedra, diferente dos pedregulhos ocasionais.

Já ia comentar minha conclusão de qual pedra era aquela quando me lembrei do eco, que veio do mesmo jeito, pois havia pensado:

– É uma pedra preciosa!

Algum tempo depois, recolhi-a novamente e continuei minha caminhada, já em solo mais pedregoso. E de vez em quando me abaixava e recolhia alguma pedra, à qual examinava com minha percepção e tato, cada vez mais apurados.

Não sei como, mas chegou um momento que, mesmo sem vê-las realmente, sabia se eram verdes, azuis, vermelhas, etc. E admirei-me com minha nova e espantosa capacidade.

Muito tempo já havia se passado quando consegui sentir a diferença que existia entre uma e outra daquelas pedras, e a que existia entre elas e as areias finas, médias e grossas.

Apurei minha percepção a tal ponto que conseguia sentir suas irradiações energéticas, umas diferentes das outras!

Pouco a pouco, fui estabelecendo uma escala diferenciadora que me permitia reconhecer uma pedra assim que pisava nela ou a pegava com as mãos.

Apurei-me a tal ponto que conseguia distinguir, só com a percepção, as várias tonalidades de uma mesma cor. Eu não as via realmente, mas as sentia!

Caminhava com cuidado e tentava perceber as pedras que estavam à minha frente, e só relaxei minha percepção quando até isso consegui captar. Creio que desenvolvi a capacidade dos morcegos, que voam direcionando-se unicamente com seus "radares" percepcionais.

– Cego, mas nem tanto! – exclamei feliz, já me esquecendo do eco, que atingiu meus tímpanos como adagas, quase os perfurando.

– Droga! Por que isso? Preciso apurar meu senso auditivo e descobrir a razão desse eco ensurdecedor! – exclamei furioso.

Cheguei a cair no solo, de tanta dor que senti após dizer tudo aquilo. Mas quando consegui me levantar novamente, dei início ao aperfeiçoamento auditivo. Iria apurá-lo tanto quanto apurara a percepção.

Para mim, acho que aquele aprendizado auditivo demorou séculos. Mas após muito esforço consegui ouvir o som, se é que assim posso chamar, que as irradiações energéticas das pedras produziam.

Sim, até isso consegui, pois onde me encontrava o silêncio era total.

E pouco a pouco fui relacionando cor com som e comecei a reconhecer aquelas pedras através de suas cores, de suas consistências e do som que suas irradiações energéticas produziam enquanto estavam sendo expelidas do interior das pedras.

Quando percebi nas proximidades uma pedra enorme, de som estranho e de cor prata, aproximei-me dela, assentei-me e dei início ao seu estudo.

Ela era impenetrável tanto à minha audição quanto à minha percepção, e intrigou-me o suficiente para não me afastar dela enquanto não a virasse do avesso.

Sim, decidi fazer isso com aquele monólito negro, pois ela era enorme!

Acariciei-a, percebendo sua textura e consistência, diferente de todas as que ali existiam, e já as conhecia bem.

Recolhi uma porção de pedras com várias cores e tonalidades, e criei minha própria escala irradiante, vibratória, energética e sonora. E quando vi que ela se assemelhava ao teclado de um piano e a uma escala numérica, ocorreu-me que podia estabelecer uma escala centígrada, pois aquelas pedras não possuíam realmente a mesma temperatura.

Antes de voltar minha atenção ao monólito negro, aperfeiçoei-me na capacidade de distinguir a temperatura de cada uma daquelas pedras de minha escala. E, enquanto estudava esse novo aspecto daquelas pedras, descobri o magnetismo individual de cada uma delas. E quando me dei por satisfeito, comecei a comparação delas comigo mesmo.

Sim, eu havia aprendido com alguns guias espirituais que existe uma correspondência magnética, vibratória, energética, sonora e colorida em tudo e entre tudo o que existe.

E se eles haviam me ensinado aquilo, é porque eles conheciam essas correspondências.

Procurei recordar-me de tudo que haviam me ensinado, e se não foi muito o que relembrei, no entanto lembrei-me de ter ouvido o Sr. Caboclo Sete Cachoeiras dizer-me que não são as sete cachoeiras, mas sim as sete faixas vibratórias da água que seu nome simbólico significava.

Sim, era isto: não eram sete quedas de água, mas sim sete padrões ou faixas vibratórias aquáticas que seu nome significava.

Também me recordei do que o Sr. Caboclo Sete Pedras havia me dito: as sete pedras não são realmente sete pedras. São, isso sim, sete condensações energéticas do elemento mineral, que é regido pela Orixá Oxum.

Recordei-me do Sr. Caboclo Sete Estrelas dizendo: filho, as sete estrelas não são realmente sete estrelas. Simbolicamente elas estão significando as sete irradiações celestiais dos sagrados regentes planetários.

Recordei-me do Sr. Caboclo Sete Espadas dizendo-me: filho, as simbólicas sete espadas nada mais são que os sete poderes da Lei, que, se são constantes dos males, no entanto atuam com a mesma precisão do bisturi de um exímio cirurgião que só corta do corpo sua parte necrosada, e nunca seus tecidos sadios.

Pouco a pouco fui recordando do que os senhores Caboclos haviam me dito sobre os Mistérios ocultados por seus nomes simbólicos. Não vou relacioná-las aqui, senão me alongarei demais sem necessidade, pois já perceberam o que quero que entendam: por trás de cada nome simbólico está um Mistério, que, se é diferente de todos os outros, no entanto traz em si mesmo toda correspondência ou analogia com todos os outros que existem.

Procurei estabelecer essa correspondência analógica e minha escala sofreu um aperfeiçoamento, pois quando a senti perfeita, os sons, cores, energias e magnetismos, apesar de individualizados, formavam um todo. Só não gargalhei de alegria porque sabia que o eco me atingiria. Mas que vibrei de alegria, isso vibrei.

Minha cegueira não era, de fato, um tormento!

Ela me ajudava a aperfeiçoar meus sentidos suprafísicos e extra-humanos!

No plano material, os olhos e os ouvidos serviam para muitas coisas. Mas eu estava descobrindo seus substitutos naturais em mim mesmo. E ia descobrir em mim mesmo com quais daquelas pedras esses meus sentidos suprafísicos se correspondiam, e com quais energias espirituais as delas se relacionavam.

Lembrei-me de que havia conhecido pessoas que realizavam curas recorrendo à terapia com pedras. E que entre as pedras e a radiônica existia uma correspondência. Pena que eu não havia estudado nem o uso terapêutico das pedras nem a radiônica.

– Estúpido! Imbecil! – censurei-me. E fui punido pelo eco por não ter estudado tais assuntos!

Mas me aquietei e dei início ao nosso objetivo, quando encontraria as devidas correspondências entre minha escala e eu mesmo!

Devo ter me renovado milênios para conseguir corresponder-me com minha escala de pedras. Mas depois que descobri a chave de como descobrir as correspondências, aí foi só uma questão de séculos de prática, e nada mais.

E quando realmente comprovei que se absorvesse um tipo de energia, de uma cor, de um magnetismo e uma vibração, meu corpo energético reagia em um determinado órgão, que correspondia com um dos sentidos, uma das virtudes, uma das linhas de forças, e um padrão vibratório exterior, mas comum a tudo e todos, então ousei fazer algo que um dia o Caboclo Sete Pedras havia me ensinado a chave: como absorver a essência de uma pedra e passar a ser um irradiador de seu "axé".

Sim, isso, a chave ele havia me dado. Só não havia me ensinado as correspondências. Ou onde alojar as essências, tornando-os axés minerais armazenados em mim mesmo.

– Caboclo sabido! – exclamei feliz, para arrepender-me no instante seguinte com minha tola observação, pois o eco era cada vez mais penetrante e dolorido.

Sim, à medida que apurava meus sentidos extra-humanos, mais intenso ele era.

O fato é que eu tinha a chave a mim dada pelo Sr. Caboclo Sete Pedras, e que não vou revelar-lhes. E fiz uso dela, cautelosamente.

Primeiro absorvi uma essência mineral azul, que foi alojar-se em um dos órgãos energéticos de meu corpo espiritual. E quando me certifiquei de que estava tudo bem, absorvi mais outra, outra, e outra. E absorvi os sete padrões básicos, alojando-os em mim mesmo, mas cada um em seu devido lugar.

Depois, recorrendo a outra chave que recebera, ou do Sr. Caboclo Sete Estrelas ou do Sr. Caboclo Arranca-Toco, pois já não me lembrava direito quem havia me ensinado o quê, absorvi toda a escala de uma só vez e a alojei em meu íntimo, onde daí em diante recorreria a ela, que já fazia parte de mim mesmo.

– Sim, senhor! Agora sou um homem de pedra! – exclamei e ri. E não me incomodei com a dor do eco, pois a felicidade era grande. Mas quando parei de rir, acho que fiquei uma década com dor de ouvido, pois ela não passava de jeito nenhum!

Mas após aquela década de dor de ouvido, ela desapareceu e pude comprovar que era realmente um homem de pedra, pois localizava qualquer pedra no meio de um monte delas e me colocava em vibração com ela imediatamente. E até podia estender a mão direita e puxá-la debaixo de outras e fazê-la vir parar na palma, como se atendessem às minhas vibrações mentais e meus desejos.

Não me demorei mais que um século naquele treino. E foi tão fácil que consegui fazer vir até a palma de minha mão direita aquele primeiro pedregulho que havia pisado. Isso milênios atrás, certo?

Sim, para mim o tempo parecia não contar ou existir. E parecia demorar tanto que prefiro usar os termos décadas, séculos e milênios para mostrar o quanto parecia demorar a passagem do tempo naquele lugar onde o silêncio era quase absoluto, pois já ouvia claramente o som das pedras, ou de suas irradiações energéticas.

Então eu, o novo homem de pedra, voltei minha atenção ao monólito negro que, todo imponente, me desafiava a decifrar seu enigma.

Voltei a acariciá-lo, a senti-lo, captar suas irradiações energéticas e ouvir seu som.

Depois de "contemplá-lo" durante décadas, deduzi que devia ser uma pedra semelhante ao ônix, muito usado pelos "magos das pedras" em seus trabalhos místicos-espirituais, e por alguns Exus meus conhecidos.

Sim, lembrei-me bem do que um Exu Guardião havia me revelado: eu uso esse ônix para enfraquecer energeticamente meus adversários ou seus inimigos espirituais, companheiro!

– Sim, senhor! – exclamei em um repente. – É isso! Isso só pode ser uma pedra de ônix!

Por que fui exclamar minha descoberta?!

Minha cabeça quase explodiu, e quase morri ali, de tanta dor que senti!

– O silêncio é a alma do segredo, companheiro! – falou-me uma voz sarcástica, que me pareceu vir de dentro do monólito de ônix.

– Quem está aqui? – perguntei, temendo a dor do eco.

– Aí não tem ninguém, homem de pedra. Mas aqui dentro estou eu, o Senhor Exu Guardião da Pedra Negra! Ha, ha, ha...

– Por que agora o eco não me incomoda?

– Agora você tem com quem falar. Antes falava para si mesmo, e de dentro de si mesmo. Ha, ha, ha... Homem de pedra, ha, ha, ha...

– Ouça: se eu não estivesse feliz por finalmente ouvir alguém que não eu mesmo, o mandaria à p...

– Cuidado com o que vai dizer, homem de pedra! Ha, ha, ha... Desculpe-me pelo riso, mas não posso conter-me! Ha, ha, ha... Homem de pedra, ha, ha, ha...

– Droga, lá no plano material costumávamos dizer que as paredes tinham ouvidos. Mas aqui, acho, são as pedras que os têm!

– Quiá, quiá, quiá...

Era o riso, ou melhor, as gargalhadas de muitos que saíam de dentro do ônix, e pareceu-me que milhares de pessoas riam de mim, o novo homem de pedra. E como dizem: quando não podemos com o inimigo, juntemo-nos a eles! Então comecei a rir também e dei uma palmada no monólito negro... E as gargalhadas cessaram!

– Isso não teve graça nenhuma, homem de pedra! – censurou-me o Sr. Exu Pedra Negra ou quem quer que estivesse dentro daquele ônix.

– O que aconteceu, companheiro?

– Você realmente é um homem de pedra. Homem de pedra! Esse tapa dado aí refletiu aqui em meu trono de ônix e isso não foi nada engraçado, sabe? Você não está mais no plano material, e aqui tudo vibra e reflete em alguma coisa. E como eu estou em sintonia vibratória com você através desse ônix aí existente, refletiu justamente em mim, homem de pedra. Não faça isso novamente, se não interrompo nossa ligação mental e você voltará a falar sozinho!

– Desculpe, companheiro. Foi sem querer!

– Vou desculpá-lo dessa vez. Mas cuidado, pois você é realmente um "pedregoso", sabe?

– Se o companheiro está dizendo, acredito. E serei cuidadoso. Afinal, não quero indispor-me com ninguém, e muito menos com o poderoso Exu Guardião da Pedra Negra, certo?

– Ei, homem de pedra, você ainda se lembra de quando fez uns despachos para um Exu de Lei Pedras-negras que atuavam lá no plano material?

– Eu fiz?

–Você já não se lembra mais?

– Bom, devo ter feito sim. Afinal, acho que dei oferendas ou fiz despachos para tudo quanto é Exu que baixa nos centros de Umbanda!

– Para todos?

— Sei lá. Mas acho que sim. Deixa ver se me lembro! Exu...

E fui citando nomes e mais nomes de Exus que haviam recebido algum despacho ou oferenda de minhas mãos. Quando terminei, ele exclamou:

— Puxa, homem de pedra, você foi mesmo um servidor da Lei e dos Exus de Lei. Com essa lista você pode transitar por 90% do astral negativo dos regentes planetários sem o menor problema, sabe?

— Posso?

— Claro! Você não sabe que uma oferenda é a abertura do campo do Exu oferendado, e um despacho de Lei é um crédito junto ao Exu Guardião do Mistério?

— Não. Mas gostaria de saber como isso funciona. Você pode ser mais explícito?

— Claro que posso. Você não quer vir até aqui?

— Ir até aí?

— Sim.

— Não sei não, sabe?

— Sei. Você está com medo, certo?

— É claro que estou. Só o conheço de nome. Não sei como entrar nesse ônix, e muito menos sair dele. E se aqui tudo é silêncio, aí tudo poderá ser encrenca para mim, não é mesmo?

— Eu gostaria de retribuir pessoalmente ao seu esforço para ajudar alguns médiuns que tinham pedras negras de Lei em suas esquerdas, e aos quais você abriu o campo de atuação no meio material-espiritual.

— Retribuir-me? Como é isso?

— Ora, você abriu um campo para vários de meus Exus de Lei e gostaria de abrir meus domínios para você. Isso é retribuição, homem de pedra. Afinal, você não pensou que iria dar-lhe umas garrafas de marafo, certo?

— Nem estava me lembrando de pinga, companheiro. Para dizer a verdade, nunca gostei dela. Sempre preferi champanhe.

— Entendo! Você aprecia mais a companhia das "meninas", não é mesmo?

– Não é nada disso!!!

– Não?! Então por que prefere a bebida delas?

– Muito antes de saber que o champanhe era a bebida delas, eu já o apreciava.

– Procure em você mesmo e vai descobrir alguma afinidade, homem de pedra!

– Você não está insinuando que sou ou tenho alguma tendência "feminina", não?

– É claro que não! Que é isso? Daqui de onde estou dá para ver o quanto você é macho, sabe? Eu só quis alertá-lo para alguma coisa oculta em sua natureza pessoal que o faz preferir a bebida delas. Mas sem segundas ideias, certo?

– Ainda bem.

– Você não conhece a si mesmo?

– Conhecer-me como?

– Nesse aspecto, oras!

– É claro que me conheço. E não tenho a menor tendência para esse...

– Não foi isso que eu disse, homem de pedra. Você tem de conhecer a si mesmo caso queira sobreviver fora desse meio neutro onde se encontra agora. Fora daí tudo será diferente, sabe.

– Diferente, mas para melhor ou para pior?

– Tudo dependerá do que o aguarda mais adiante. Eu não tenho como saber.

– Você não é o Senhor Exu Pedra Negra?

– O que há de mais em ser quem sou? Afinal, minha pedra é a negra, e não uma bola de cristal, certo? Ha, ha, ha... Gostou dessa, homem de pedra?

– É, essa foi boa. Mas acho que você pode ver o futuro em sua pedra negra, não?

– Não falemos disso, certo? Não uso minha pedra para futilidades humanas.

– Tudo bem. Mas que você pode ver o futuro em sua pedra, isso pode!

– Como é? Você vem ou não vem? – perguntou-me ele, já impaciente.

– Só vou se antes você me revelar como sair daí. Do contrário, fico aqui mesmo!

– Você é bem desconfiado, não?

– Onde até as pedras têm ouvidos, toda precaução é pouca. E além do mais, você pode me ver daí e eu não posso nem ver mais onde estou. Não acha que devo ser precavido?

– Devia confiar mais em mim, homem de pedra. Afinal, fui eu quem o relembrou do segredo do ônix. Ou você não notou isso?

– Você me lembrou?

– Eu mesmo. E se não tivesse feito isso, você ainda estaria aí, quebrando a cabeça para descobrir alguma coisa sobre esse monólito negro.

– Então... Se você fez isso...

– Exato. Outros Guardiões dos Mistérios dessas outras pedras o ensinaram tudo o que você precisava saber para tornar-se um verdadeiro homem de pedra. Ei! Por que você está ficando triste?

– Eu acreditava ter feito todas essas descobertas sozinho, sabe?

– E o que tem de mais se recebeu uma ajuda extra? Devia ficar feliz por ter sido instruído pelos Guardiões desses Mistérios, homem de pedra. Não é a qualquer panaca que eles revelam tudo o que revelaram a você.

– Que idiota eu fui!

– Idiota? Você se acha idiota depois de ter conseguido algo que só uns poucos já conseguiram até agora? Ei, pare com esse sentimento de tristeza, senão daqui a pouco não conseguirei vê-lo mais.

– Por quê?

– Ora, você está em uma faixa neutra, e a luz exterior aí não penetra. Só posso vê-lo por causa da luz que você irradia. Vamos, volte a ser o alegre homem de pedra de instantes atrás!

– Esqueça-me, sou um idiota que por algum tempo acreditou-se um gênio.

– Homem de pedra, não pense assim. Você realmente é muito inteligente, sabe. Se não fosse, não teria conseguido captar tudo o que estavam lhe ensinando!

Você está se apagando todo, homem de pedra! Já não estou conseguindo vê-lo. Vamos, volte a vibrar positivamente para que eu possa retirá-lo daí e mostrar-lhe o que tenho a oferecer como retribuição.

– Esqueça-me, companheiro.

– Homem de pedra, cadê você? Sua luz apagou-se totalmente e já não o vejo mais. Vamos, volte a sorrir, homem de pedra!

– Deixe-me em paz, está bem?

– Acho que não deviam tê-lo ensinado a absorver aquelas pedras.

– Acha? Por quê?

– Bom, acho que a que tem correspondência com seu racional o deixou com a cabeça dura, sabe! Ha, ha, ha... Essa é boa, não?

– É. Muito engraçado mesmo. Adeus!

– Você sempre foi apreciador do humor sarcástico, não?

– Fui sim. Mas já não acho nada engraçado.

– Tudo bem. Quis alegrá-lo e torná-lo luminoso novamente, homem de pedra. Acredite-me, pouquíssimos conseguem aprender em tão pouco tempo o que você aprendeu.

– Pouco tempo? Estou aqui há milênios incontáveis e acha pouco o tempo que demorei para aprender o que muitos estavam me ensinando o tempo todo?

– Quem lhe disse que está aí há milênios?

– Eu sei.

— Como você sabe se aí é um meio totalmente neutro, e aí o tempo não existe?

— Então estou certo. Já faz muitos milênios que estou aqui.

— Agora sim você está se portando como um verdadeiro idiota, pois o vi em sua casa há seis dias do plano material, e você ainda estava em seu corpo carnal.

— Que é isso? Está tentando iludir-me, não?

— De jeito nenhum, homem de pedra!

— Está sim. Acho que você percebeu que deu uma mancada ao revelar-me que eu era um idiota que se achava um gênio, e agora quer consertar tudo fazendo-me crer que estou aqui só faz uns poucos dias. É isso, não?

— Não acredito que esteja agindo assim, homem de pedra. Você sempre foi meio cabeça-dura, mas agora está se excedendo, sabe?

— Você quer dizer que sempre fui meio idiota, mas que agora me tornei um idiota por inteiro, não?

— Você não está em condições mesmo, homem de pedra. Sinto muito por você, pois tinha algo grande, à sua altura mesmo, reservado para você. Acho que tanto eu quanto todos os outros Guardiões dos Mistérios das Pedras no enganamos a seu respeito, sabe?

— Sei, sim. Quem mandou vocês acreditarem em um idiota?

— Nós acreditávamos que você seria o curador ideal para os espíritos caídos em nossos domínios.

— Você quer dizer que ia retribuir-me colocando-me para cuidar de espíritos sofredores?

— Isso mesmo.

— Isso lá é retribuição? Justo a mim, que já dediquei boa parte de minha vida só cuidando deles, que nunca paravam de chegar à minha casa? Você acha que eu gostaria de sustentá-los ou que era agradável sentir o tempo todo suas vibrações de dor, aflição e desespero? Isso lá é recompensa para alguém que já os suportou por tantos anos? Meu Deus! Que loucura! — gritei eu.

E aquelas duas últimas exclamações ecoaram, ou melhor, trovejaram em meus tímpanos. Mas continuei a gritar, desesperado, que já estava cheio de espíritos sofredores em minha vida.

E apesar dos doloridos ecos, comecei a chorar compulsivamente, enquanto me afastava dali aos tropeções e tombos.

– Homem de pedra! Cadê você? Vamos, fale comigo! Por favor! – implorou o Exu Guardião da Pedra Negra. Outros Guardiões dos Mistérios das outras pedras também me chamavam, mas estava tão atormentado por achar-me débil mental que me afastei às pressas dali. Eles não ouviam meu choro, pois ele não lhes era endereçado. E só eu mesmo o ouvia, e sofria o efeito do eco constante.

Cheguei a um desespero tão grande que não percebia mais nada, e não notei que havia me afastado do solo arenoso.

Sim, eu havia chegado a um lugar em que o solo era coberto de pedras pontiagudas e cortantes, e suas pontas perfuravam a sola dos meus pés, levando-me à loucura por causa da dor.

Meu criador, que desespero! Que aflição foi sentir dezenas, talvez centenas de pontas cortantes que penetravam em meus pés assim que pisava! Quanta dor eu sentia ao caminhar por aquele lugar!

Cada passo era um suplício, e por todos os lados eu estava cercado por aquelas pedras cortantes.

Já sentia a sola dos pés enfarpadas de algo pegajoso que corria abundantemente pelos cortes. E a dor era tanta que subia pelos ossos das pernas, alcançando até minhas coxas, que bambearam e eu caí estatelado em cima de milhares de pedras pontiagudas que penetraram em mim e perfuraram todo o meu corpo. Até meu rosto foi perfurado, e senti um líquido quente correr face abaixo.

Então, em desespero e todo ferido, exclamei:

– Punam-me, mas punam-me mesmo, pois fui um idiota em acreditar que agia corretamente quando errava, errava e errava! Punam-me com todas as dores do mundo! Afinal, eu não tirei muitas dores alheias? Que agora elas, todas elas, recaiam em mim e me transformem em uma expressão viva das dores que tirei dos espíritos sofredores, meu criador!

Eu não pronunciava seus nomes, mas referia-me aos sagrados Orixás, aos quais eu acreditava ter servido. Mas como havia me descoberto um idiota, então também descobrira que os havia desservido, e clamava por punição e mais punição. E em meio à maior dor, e aos gritos de dor, levantei-me e caminhei sem rumo, pois rumo não havia ali. Meu corpo estava coberto por aquele líquido viscoso e quente, já que de tempos em tempos minhas pernas começavam a tremer de tanta dor e eu caía, ferindo-me todo.

Quanto tormento, quanta dor e quanto sofrimento!

– Punam-me, punam-me, punam-me! – clamava eu, em meio ao desespero dos desesperos!

Para mim, aquele sofrimento durou milênios incontáveis e parecia não ter mais fim. Então, já delirando de tanta dor que sentia, exclamei aos prantos e às gargalhadas:

– Dor, eis meu novo nome! Sim, agora sou o homem da dor! Ha, ha, ha...

Às vezes ria, outras chorava e outras emitia gritos lancinantes, pois pisava em cima de pedras maiores, cujas pontas afiadíssimas penetravam fundo em meus pés e levavam-me a quedas violentas e abruptas.

Tanto vaguei naquele tormento que, em dado momento, saí da escuridão total e caí em um solo coberto por uma relva verde e macia, onde fiquei chorando e gritando de dor.

Eu voltava a ver. Mas, quando olhava para o lado de onde tinha saído, via uma escuridão total e impenetrável.

– Que inferno é esse, meu Deus? – perguntei em franco desespero, pois me via coberto por pedaços de cristais penetrados em meu corpo, e manchados pelo sangue que corria pelos cortes.

– Isso aí não é inferno, sofredor! – exclamou uma voz imponente, bem próxima de onde eu me encontrava.

— Se não é o inferno, então o que isso aí é? – perguntei aos prantos.

— Não sei como você entrou ou saiu daí, mas esse lugar é a faixa neutra onde estão guardados os Mistérios minerais-cristalinos, sofredor. Por que você desobedeceu à Lei e entrou aí?

— Eu não entrei aí. Alguém havia me aprisionado dentro desse inferno cortante.

—Se você se referir mais uma vez a esse lugar sagrado como inferno, eu o punirei, sofredor – advertiu-me aquele senhor sisudo, que se cobria com uma veste estranha e portava uma espada que parecia ter sido feita de vidro ou de quartzo, sei lá!

— Está certo. Mas se não é, então por que estou assim, todo coberto de cacos de vidro que estão espetados em meu corpo?

— Toda essa faixa é cercada por um cinturão de quartzos pontiagudos, sofredor.

— Por quê? É para os que caem lá dentro nunca mais saírem dela?

— Não. Esse cinturão existe exatamente para impedir que alguém penetre aí e entre em contato direto com os Mistérios minerais-cristalinos vivos que aí foram colocados pelo Divino Criador. E se alguém tentar volitar, pensando em passar ileso pelo cinturão protetor, será atraído de encontro ao solo, quando então pagará caro por ter tentado penetrar no impenetrável Mistério dos Mistérios minerais-cristalinos. Por que você tentou penetrar?

— Já lhe disse que alguém me aprisionou aí dentro. Será que o senhor é surdo? – falei, ainda aos prantos.

— Só não o puno por sua insolência e mentira porque sei que está fora de seu juízo normal. Mas assim que for tratado, vou enviá-lo a uma prisão onde são recolhidos todos os idiotas que transgridem a Lei desse Mistério mineral-cristalino.

— Ninguém irá tocar em mim! Nem o senhor tocará em mim! Se quiser pode cortar-me em mil pedaços com sua espada de vidro. Mas ninguém encostará as mãos em mim de agora em diante, pois eu sou a dor. Sou a dor viva que permanecerá pelo mundo até o dia em que alguém me diga por que fui lançado em um meio cercado por cacos de vidro!

– Ouça, sofredor, se eu tocá-lo com minha espada não o cortarei. Mas o reduzirei à semente original! Eu sou um Guardião Cristalino!

– Faça isso então, Guardião. Toque-me com sua espada e irá sentir como é a dor viva! Vamos, toque-me com sua espada de vidro, pois de cacos de vidros meu corpo está cheio! – exclamei, em desafio aberto àquele Guardião Cristalino.

– Você está louco, sofredor. Vou ordenar que o recolham a um abrigo para que tirem esses cristais encravados em seu corpo energético.

– Já disse e volto a repetir: ninguém irá tocar em mim sem minha permissão!

– Você está louco, sofredor. Como é seu nome?

– Dor, Guardião. Eu me chamo dor viva. E se alguém me tocar será inundado com minha dor no mesmo instante. Não está vendo que a grama embaixo de meu corpo já secou? Olhe onde pingou meu sangue. Não vê que ele matou a grama?

O Guardião olhou e só então começou a acreditar em mim, pois realmente a grama embaixo e em volta de meu corpo já havia amarelado e secado.

– Sagrados Mistérios! – exclamou ele, recuando alguns passos. E logo chamou outros Guardiões e mais algumas pessoas, digo, espíritos, que o ouviram um tanto curiosos e outro tanto assustados.

Um senhor, que se apoiava em um bastão de vidro semelhante a uma bengala, encostou-a em minha perna e ela trincou e partiu-se em mil pedaços, que caíram sobre mim. Ele também emitiu um grito de dor, pois minha dor irradiou-se pelo bastão e atingiu sua mão direita, deixando-a dura como vidro.

– Meu Divino Criador! – exclamou e clamou ele, por causa da dor que começou a sentir.

– Aproxime-se, ancião. Essa dor é minha e vou tirá-la do senhor, pois não partilho o que consegui à custa de tanto sofrimento, angústia e desespero!

– Se você me tocar, certamente me inundará com sua dor, sofredor.

– Está enganado, ancião! Essa dor é minha, e só o atingiu porque não acreditou no que ouviu. Vamos, estenda sua mão direita que tirarei toda dor que possui.

– Você é uma ira divina, sofredor? – perguntou o Guardião Cristalino.

– Não, senhor. Sou só uma dor viva, e nada mais. Vamos, ordene ao ancião que estenda logo essa mão, pois logo a dor que sente se espalhará pelo resto do corpo e o paralisará todo.

Como ninguém tomava a iniciativa, falei:

– Ancião, você não acredita em Deus?

– É claro que acredito – respondeu ele, já sentindo a dor subindo pelo braço.

– Então confie n'Ele e estenda logo esse braço.

– Já não consigo movê-lo – respondeu ele, já vertendo lágrimas de dor.

Como não vi outro jeito, apanhei um dos pedaços de sua bengala e, em um esforço muito grande, o magnetizei tão intensamente que todos os cacos foram atraídos e voltaram a formar de novo o bastão de vidro. Então, levantei-me e toquei sua mão com ele, que ficou rubro como sangue, mas retirou toda a dor viva dele e a devolveu à minha dor.

No mesmo momento ele parou de sofrer e ficou olhando para o bastão, que estava com uma aura de cor igual ao sangue vivo. Eu lhe pedi:

– Posso ficar com seu bastão para apoiar-me nele, ancião?

– Pode sim, sofredor. Acho que se alguém tocá-lo, irá absorver essa ira divina na forma de dor.

– Obrigado. Que Deus lhe pague por emprestar-me um apoio para que eu possa manter-me de pé. Como faço para sair daqui?

– Não existe uma saída, sofredor. Esse plano margeia essa faixa neutra que oculta os Mistérios vivos minerais-cristalinos.

– Mistérios vivos? Só vi pedras e areia lá dentro, ancião.

– Você viu? Como você viu se essa faixa é impenetrável até à própria luz, para que seus Mistérios permaneçam invisíveis e invioláveis?

– Não importa como vi. Mas lá dentro é só um ancião que parece um deserto, e há um lugar cheio de pedras. Só isso vi aí dentro!

– Você ultrapassou o cinturão protetor?

– Sim. Mas foi quando me afastei daquele ônix falante. Só depois é que me penetrei nesse solo cheio de cacos de vidro... Que me deixou nesse estado.

– Você disse que conversou com um ônix? – perguntou o Guardião Cristalino.

– Conversei.

– E resistiu ao tormento da faixa protetora?

– Estou aqui, não?

– Está sim, sofredor. Para onde deseja ir agora que se livrou dessa sua prisão?

– Gostaria de ir para um lugar onde não exista ninguém para me incomodar com perguntas, pois não tenho a menor vontade de conversar. Só quero vivenciar minha dor e nada mais.

– Existe uma forma de sair desse plano sofredor.

– Como saio daqui e isolo-me de tudo e de todos?

– Eu posso abrir uma passagem para outro plano ou dimensão, e aí você segue pelo túnel que conduz a ele. A seguir o fecho, e você passará a viver sua dor em um lugar onde ninguém o incomodará com perguntas.

– Obrigado, Guardião. Faça isso para mim, pelo amor de Deus, pois preciso ficar a sós por algum tempo.

– Vou abrir a passagem para você, sofredor!

– Deus lhe pague, Guardião Cristalino. Eu devia ter dado ouvidos àquele ônix falante, sabe.

– É, devia sim, sofredor. Mas agora não adianta lamentar-se, não é mesmo?

– O senhor tem razão. Eu errei e clamei por punição. Então não adianta lamentar-me.

Ele nada falou. Apenas irradiou com as mãos e um buraco foi se abrindo até formar uma passagem semelhante a um túnel. Então ordenou:

– Atravesse-a logo, sofredor!

– Sim, senhor. Só não posso caminhar depressa por causa desses vidros encravados na sola de meus pés.

– Compreendo. Sustentarei essa passagem pelo incomodo que lhes causei.

E assim, passo a passo, e soluçando de dor, atravessei o estranho túnel que me conduziria a um lugar onde ninguém me incomodaria com perguntas, e teria um pouco de paz para vivenciar minha dor.

Ia olhando para o solo e quase nada via, pois os olhos estavam inundados de lágrimas. Porém, assim que pisei já dentro da nova dimensão, um calafrio percorreu meu corpo e um pavor horrível fez com que eu emitisse um grito de medo: ali o solo estava coalhado de serpentes. Então gritei:

– Meu Deus! Tenho pavor de cobras! – virei-me para retornar pelo túnel, mas ele se fechou e fui aprisionado em uma dimensão habitada por serpentes. Que medo! Que pavor senti ao me ver mais uma vez lançado em um pesadelo tão ou mais assustador que o anterior!

Do outro lado, o ancião perguntou ao Guardião:

– Por que o enviou àquela dimensão tão assustadora e tão temida?

– Não sei se ele falou a verdade. Mas, se falou, então achei melhor aprisioná-lo em uma dimensão onde não revelará nada a ninguém sobre os possíveis Mistérios que possa ter visto, ou imaginado que viu.

– Ele está sofrendo muito.

– Eu sei. Até parece que aqueles cristais fazem parte do corpo dele, não?

–Parece sim. Porém, pelo que o ouvi gritar ao ver-se cercado por serpentes, creio que enlouquecerá em pouco tempo.

– Ou se aprisionará em uma forma plasmada rastejante, não?

– Isso também, Guardião.

– Então a Lei terá se cumprido, ancião. Ou não teríamos de aprisioná-lo por ter infringido a Lei que proíbe todos de penetrarem nesse meio neutro?

– Está certo. Acho que a Lei se cumpriu de qualquer forma. Avise-me se algo anormal voltar a ocorrer.

– Eu o avisarei, ancião.

Quanto a mim, bem, não fui atacado por nenhuma daquelas serpentes elementais, que cortavam minhas irradiações de dor e afastavam-se o mais rápido possível. E só se aquietavam quando me colocavam fora de meu campo vibratório.

Menos mal, pensei.

Afinal, elas também sentiam pavor de um ser como eu. Mas por que haveriam de fugir? O que as induzia a se afastarem depressa de perto de mim?

Apesar da dor, a curiosidade começou a despertar minhas faculdades extra-humanas, e fiquei observando aquelas tranquilas e preguiçosas rastejantes.

Primeiro delimitei meu perímetro, pois nenhuma ficaria dentro de um determinado círculo à minha volta. Depois fechei os olhos e abri minha visão percepcional, com a qual conseguiria ver o que minha visão comum nunca me mostraria. Também abri minha audição e comecei meus novos estudos.

Não sei ao certo, mas acho que permaneci uma dezena de milênios ali, parado como uma estátua dantesca, só estudando aquele tipo de vida rastejante.

Sim, até minha própria noção de tempo perdi. Mas, se não fiquei imóvel uma dezena de milênios, devo ter chegado perto! E então percebi que não estava sentindo dor alguma.

– Por que não as sinto? – indaguei-me, ainda concentrado em minha percepção. Acho que é essa hiperconsciência! Sim, é isso mesmo! O corpo energético está ligado ao emocional e ao racional, que estão ligados à consciência. E porque a desliguei deles e a desloquei até uma outra vibração, deixei de sentir as dores!

Se isso aconteceu comigo, o homem da dor, então bastará estudar o mecanismo que possibilita esse desligamento de uma realidade incômoda e facilita a vivenciação de outra, que isola a anterior. Como estudá-la em mim mesmo se a realidade anterior anula essa minha capacidade de raciocinar muito superior?

Talvez, se deixar de sentir a dor desses cacos de vidro na sola dos pés, possa me autoestudar. Sim, é isso! Aquele Exu da Pedra Negra havia me dito que precisava conhecer-me caso quisesse sobreviver fora daquele meio neutro. E se aquele Guardião Cristalino não mentiu, então existia um propósito superior que me conduziu até aquela faixa neutra onde estão ocultados os Mistérios minerais-cristalinos vivos.

Mas por que são vivos? Será que lá tudo é vivo e não percebi isso? Por que ele deixou de me ver assim que minhas vibrações tornaram-se negativas? Sim, ele disse que me via por causa da luz que eu irradiava. Contudo, eu não via minha luz. Mas via a cor das pedras com essa minha visão percepcional. E como uma pedra só é visível caso esteja refletindo alguma luz, então... então era minha própria luz que me permitia vê-las. Mas os olhos da visão humana não as viam, tal como não veem a luz que os espíritos encarnados irradiam! É isso! Descobri!

Demorei-me outros dez milênios para ordenar todas as indagações e todas as respostas. Mas, quando me dei por satisfeito, concluí:

– Sim, existia um propósito superior. E ele me conduziu até aqui, pois aqui posso estudar à vontade os Mistérios cristalinos-minerais vivos sem que qualquer outra mente corte qualquer descoberta que venha a me ocorrer.

Sim, porque talvez aquele ônix falante estivesse tentando extrair através de mim algum Mistério vivo que descobriu enquanto me observava montando minha escala pessoal mineral-cristalina!

Pode até ser que ele fosse quem disse que era. E aí queria ajudar-me, mas e se não fosse o Sr. Exu Guardião da Pedra Negra, e sim algum gênio do ônix que pensou em apossar-se dos Mistérios vivos que absorvi quando absorvi aquelas pedras? Afinal, se acredito no Guardião Cristalino, então absorvo Mistérios minerais-cristalinos vivos!

Meu Deus! Quantas perguntas! Será que o ônix, por ser um Mistério vivo, não aprisionou algum espírito caído que usou mal seu poder mágico, e o safado aprisionado viu em mim um meio de safar-se de sua prisão mineral?

Sim, porque se no plano material usei o ônix com essa finalidade, talvez um dos próprios caídos que aprisionei dentro do ônix, e que eram perversos magos negros, estivesse tentando iludir-me, ganhar minha confiança e dominar-me mentalmente para depois, usando dos Mistérios vivos que agora possuo em meu íntimo, fugir de sua prisão mineral.

É isso! O cristal é vibratoriamente superior ao mineral, e o safado ia usar-me para escapar de uma prisão! Ele ia dominar minha mente e extrair os Mistérios vivos de mim, para depois apossar-se deles e continuar sua vida de fora da Lei! Que safado! Quase me enganou quando veio com aquela conversa de homem de pedra. E por isso não me ensinava como sair do ônix, ele não sabia, pois foi aprisionado!

Sim, porque o Exu que trabalhava com o ônix entrava e saía dele sem problema algum. Mas aquele safado entrou puxado pela Lei e só sairá dele caso algum idiota o tire de sua prisão mineral.

Mas que tipo de idiota poderia tirá-lo senão alguém que seja portador de Mistérios vivos cristalinos, que são superiores aos Mistérios vivos minerais?

Puxa! Ainda bem que me afastei dele e tornei-me invisível ao seu poder mental!

Essa dor não foi em vão! Ela me livrou de tornar-me escravo de um safado de um mago mineral caído! Ainda acertarei minhas contas com ele, que não perde por esperar!

Agora preciso arrancar alguns desses cacos de vidro e estudá-los para ver se são vivos mesmo.

Então tentei arrancar um, mas, para consegui-lo, tinha de retornar à consciência racional, que estava ligada ao emocional e ao meu corpo energético. E a dor era insuportável, pois os cacos estavam como que integrados ao meu todo espiritual.

É isso. A dor é negativa e torna meu íntimo magneticamente atrativo. E esse magnetismo atua como ponto de atração desses cacos de vidro. E como o vidro é neutro magneticamente, então esses cacos não são de vidro. E se não são de vidro, que tipo de mineral ou cristal eles serão?

Só arrancando um poderei estudá-lo e descobrir que tipo de cristal são. Talvez se der um puxão consiga arrancar um!

Eu, bem devagar e muito cuidadosamente, segurei um dos cacos, e em um puxão rápido o arranquei de meu peito. A dor foi tanta que caí no solo e quase desmaiei. Acho que aquela dor durou no mínimo uma década para passar. E só consegui levantar-me quando conduzi minha consciência racional à hiper ou extra-humana.

Então recolhi o cristal, que fora de meu corpo brilhava mil vezes mais que o mais brilhante dos diamantes.

– Que estranho! Aqui existe luz e ele adquiriu um brilho incomum até a essa minha outra visão. Como verei seu brilho com minha visão humana?

Coloquei o pedaço de cristal no solo e retornei ao meu corpo energético. E pela primeira vez em minha vida vi um Mistério mineral-cristalino vivo.

Sim, senhor! Aquela minúscula pedrinha brilhava como um sol dourado, pois adquirira uma cor única e esplendorosa!

– Meu Deus! – exclamei assustado. – Essa pedra viva não pode cair nas mãos de pessoas despreparadas para seu Mistério!

Que Mistério vivo é esse que brilha a centenas de metros? Olhe só! Seus raios douraram até aquelas serpentes! E as árvores! O solo! Tudo ficou dourado! E... Nossa!... Está expandindo seu raio de ação e vai dourando tudo em um círculo perfeito à sua volta!

Santo Deus! Tenho de fazer alguma coisa senão todo esse lugar e as serpentes que aqui vivem ficarão douradas! Tenho de retornar à minha faculdade superior e descobrir um jeito de anular o efeito dessa pedra, desse Mistério mineral-cristalino vivo!

Voltei rapidamente à minha capacidade superior e comecei a raciocinar muito rapidamente. Pouco depois, decidi-me: ia absorvê-la e ocultá-la em meu íntimo para ver se assim revertia sua ação "douradoura".

Eu a absorvi e fiquei todo dourado. Então recorri a todo o meu poder hipermental e tentei recolher minha nova cor. Como não consegui, lembrei-me de que a dor a recolheria. Voltei ao meu corpo energético, mas aquela dor não era suficiente. Então optei por arrancar mais um dos cacos cravados em meu corpo, pois a dor seria mil vezes mais forte e certamente faria com que aquela minha cor dourada refluísse em meu íntimo.

Novo grito e nova queda assim que puxei outro dos cacos. Voltei à minha cor natural, isso é certo. E não soltei o caco, pois se o soltasse ele voltaria a brilhar e ofuscaria minhas duas visões.

Ainda gemendo de dor, olhei-o bem e pareceu-me uma lasca de quartzo. Então recorri à minha visão percepcional e vi uma formação compacta que se parecia com uma fonte geradora de energias. Sim, era uma fonte viva aquele Mistério mineral-cristalino vivo.

O Guardião Cristalino não mentia ao dizer que aquela faixa neutra oculta Mistérios vivos minerais-cristalinos! Meu criador! Eu estou todo cravado por Mistérios vivos que não podem cair nas mãos de pessoas despreparadas! Isso é energia viva que pode se espalhar infinitamente!

– Quem foi que me ensinou algo sobre os axés? Há! Foi o senhor Caboclo Sete Cachoeiras. Sim, senhor, ele me revelou algumas coisas sobre os Mistérios minerais da Orixá Oxum. É, foi ele mesmo. Agora me lembro!

Mas ele me falou sobre a existência de um axé dourado, que era a cor do axé mineral da sagrada Oxum. E era dourada a energia irradiada por aquela outra pedra.

– Como será a cor dessa pedra? Só colocando-a no solo para ver!

Coloquei a pedra no solo e no mesmo instante ela irradiou um azul tão esplendoroso que cheguei a ficar fascinado. E ela só não se espalhou mais porque a recolhi nas mãos e fiquei contemplando-a, hipnotizado por sua esplendorosa irradiação. E foi assim, hipnotizado por sua beleza divina que, não sei como, comecei a ouvir aquela pedra mineral-cristalina viva falar comigo.

Não vou revelar o que ouvi dela, mas que chorei enquanto durou aquele transe, isso eu chorei! E quando a recolhi, também recolhi sua cor que me azulava todo, sem ter que sentir outra vez uma dor lancinante.

Dali em diante, fui tirando caco por caco do meu corpo energético, e com cada um mergulhei em um transe onde ouvia o que tinha para dizer-me cada um deles.

Quando tirei o último caco cravado em meu corpo energético, ele irradiou sua luz cristalina que, conforme o rolava na palma da mão, refletia um arco-íris celestial, divino mesmo, que me encantava e extasiava.

– Santo Deus! A luz cristalina traz em si todas as outras cores celestiais! Que Mistério divino magnífico! – exclamei aos prantos, deixando cair naquela pedra algumas lágrimas que se transformaram em novas pedras cristalinas, também irradiadoras de luz cristalina.

A emoção foi tanta que caí de joelhos e chorei, chorei e chorei, enquanto apertava aquelas pedras sobre meu peito. Em dado momento perguntei:

– Por que, meu Deus? Por quê? Diga-me apenas por que tudo isso, por favor, meu Deus!

Então aquele cristal vivo falou comigo, e respondeu à minha indagação:

– Tudo isso é porque você é um arco-íris vivo que encarnou para falar da beleza, encanto e divindade das cores vivas do Arco-Íris Divino que ilumina a vida de todos os seres vivos, meu pequeno arco-íris humano!

Mas por que eu, grande Arco-Íris Divino?

E novamente aquele cristal vivo respondeu tudo o que havia me dito:

– Porque você é um arco-íris vivo que encarnou para falar da beleza, encanto e divindade das cores vivas do Arco-Íris Divino que ilumina a vida de todos os seres vivos, meu pequeno arco-íris humano!

E várias vezes repeti a pergunta, e obtive a mesma resposta. Sacudi a cabeça várias vezes para ter certeza que não estava em transe ou hipnotizado, e sempre obtinha a mesma resposta. Quando aquietei meu emocional, olhei para a pedra e disse-lhe:

– Vou absorvê-la através de meu coração, Mistério vivo! Em meu coração você se alojará e viverá nele a partir de agora e por toda a eternidade!

Então coloquei a mão no peito e puxei para dentro de meu coração espiritual tanto aquela pedra quanto as lágrimas petrificadas, absorvendo-as de uma só vez. Mas só a pedra foi absorvida, pois as lágrimas formaram um círculo e irradiaram-se formando um círculo criado com as sete cores do arco-íris, por cima de minha "pele" espiritual. E eram vivas aquelas cores.

Sim, senhor! Elas eram vivas e vibravam vida em meu peito, bem em cima de meu coração! Vendo aquilo, voltei a chorar compulsivamente e devo ter chorado durante muitos milênios, só parando quando uma serpente branca como cal virgem rastejou até onde eu estava e parou bem à minha frente. Olhei-a e captei uma vibração que me dizia que queria sentir-me com sua pele lisa.

– Venha, inofensiva criatura! Aproxime-se e me sinta, pois já não sinto temor algum por você ou por todas as outras serpentes que vivem aqui nessa dimensão pura criada só para vocês por nosso criador.

Ela se enrolou em meu braço e dele subiu por meu corpo, deslizando suavemente emanando e vibrando satisfação desde a cabeça até o rabo.

Sim, senhor, ela media uns dois metros no mínimo! E se deliciava com o contato com minha "pele" espiritual. E quando acariciei sua cabeça, ela se tornou multicolorida, parecendo-se com um arco-íris.

Logo outras começaram a aproximar-se e vibrar o desejo de me sentirem com suas peles lisas.

– Aquietem-se, e nada de confusão, criaturas desprovidas de veneno e das presas das serpentes do plano material humano! – ordenei-lhes, também vibratoriamente. – Desejo conhecer um pouco desse lugar único da criação divina e não quero ser incomodado!

Elas se aquietaram e se afastaram, mas permaneceram a distância, à espera de uma nova vibração minha.

Caminhei muito por aquela dimensão, que não tinha fim. Ela era quase plana e, exceto por algumas ondulações que lhe davam um toque de harmonização colorida, as paisagens eram idênticas.

Acho que caminhei por uns vinte milênios naquela dimensão plana. E não vi anoitecer ou chover nunca!

Mas em dado momento vislumbrei no horizonte, a centenas de quilômetros, uma formação montanhosa muito estranha.

Sim, senhor! Parecia que aquela cadeia rochosa era multicolorida, pois umas elevações eram azuis, outras eram verdes, outras rosa, e assim por diante. E observando-a mais atentamente, notei que do pico daquelas montanhas subiam irradiações coloridas que formavam um gigantesco arco-íris celestial, que atingia uma altura tão grande que se perdia no infinito.

Sentei-me no solo e dei início à contemplação daquele Arco-Íris Divino tão multicolorido quanto as pedras que eu havia absorvido, e que eram vivas.

Refleti muito antes de decidir-me a ir até aquelas montanhas coloridas.

– Bem, já que estou aqui, não custa ir até elas e vê-las de perto! – falei a mim mesmo.

Mas eu estava enganado acerca da distância que elas se encontravam, pois estavam a milhares de quilômetros!

Devo ter caminhado bem por umas três décadas antes de visualizá-las melhor. Mas quando contemplei o sopé delas, meu coração disparou e encantei-me com o que vi: imensos vales floridos e multicoloridos tão extensos que neles caberiam milhares de cidades iguais às maiores existentes no plano material humano.

Pensei em sair correndo para alcançar logo aquele lugar tão lindo. Mas o bom senso impôs-se e continuei caminhando na direção de uma elevação que daria para contemplar melhor aquela paisagem espetacular de uma natureza diferente.

Quando alcancei o topo da elevação, todo o imenso vale descortinou-se diante de meus deslumbrados olhos humanos!

O vale, de onde eu estava até o sopé da cadeia montanhosa, acho que devia ter uma centena de quilômetros. E dali já não via os picos das montanhas, pois se perdiam no infinito.

Mas via o arco-íris fluindo e projetando-se em curva, direto para o infinito.

Meus olhos também não conseguiram ver o fim ou começo da cadeia de montanhas, ou do extenso vale que a margeava.

– Santo Deus! Essas montanhas são muitas vezes mais altas que o Everest, que é o pico mais alto da terra! Que lugar é esse, afinal? Será que é o mitológico Monte Olimpo dos gregos, a morada dos deuses?

Sim, porque se não estou enganado, aquela construção que mal consigo visualizar é semelhante a um templo grego! Até se parece com o famoso Partenon!

– Preciso ver isso de perto, senão não morrerei feliz! Ha, ha, ha! Que idiota! Já morri, e isso aqui é o paraíso tão falado!

E lá? Que conjunto arquitetônico será aquele? Nossa! Que construção celestial! Só suas bases devem ter mais de um quilômetro!

– Nossa! Nossa! Nossa! Que lugar fantástico!

Se falasse sobre ele lá na terra, ninguém iria acreditar em mim. Olhe só aquele conjunto de obeliscos! Devem ter centenas de metros de altura, e cada um é de uma cor! Acho que aquele vermelho é um rubi, o verde é uma esmeralda, o azul é uma...

– Meu Deus! Que lugar será esse? Será que tenho o direito de penetrar nele? Afinal, se é a morada dos anjos, eu não posso maculá-la com minha curiosidade humana!

Acho melhor dar meia-volta e afastar-me daqui antes que um Guardião desse lugar me veja e queira punir-me por causa dessa minha curiosidade que só me coloca em encrencas!

Dei meia-volta e comecei a afastar-me daquele lugar, descendo a encosta da elevação. E quando olhei para trás e só vi a cadeia rochosa multicolorida, comecei a ficar triste, muito triste.

E não demorou nada para eu começar a chorar de tristeza por não ter tido coragem de descer até aquele vale encantador que tanto me atraía.

Ainda soluçava quando surgiu um grupo de seres bem à minha frente e me cercaram.

– Fui descoberto! – exclamei, assustado.

– Foi sim, irmão. Sua tristeza refletiu em nossa tela e viemos ver por que está tão triste.

– Desculpem se me aproximei desse lugar proibido aos mortais comuns. Já estou indo embora, e não contarei a ninguém sobre a existência dessa morada dos deuses!

– Essa não é uma morada dos deuses, irmão. Esse é o ponto de forças multiplanetária e multidimensional regido pelo sagrado Ia-or-me-ri-iin-de-ne-yê.

– Quem é essa divindade?

– De onde você veio?

– Eu não vim. Fui aprisionado nessa dimensão por um Guardião Cristalino.

– Você está enganado, irmão. Aqui ninguém é aprisionado. De que dimensão você veio?

– Bom... Sem contar o que andou acontecendo depois, eu vim da Terra, sabe?

– Da Terra? Mas você não se parece com nossos irmãos telúricos. Acho que você está enganado, irmão.

– Não estou não. Nós, os humanos, vivemos na Terra, sim senhor.

– Ah!!! Você é um natural que se humanizou! É isso, não?

– Acho que é, não?

– Você deve saber, já que disse que veio da dimensão humana. O que fazia lá?

— Eu vivia lá. Mas morri, quer dizer, desencarnei... e aí acabei vindo parar aqui depois que aquele Guardião Cristalino enviou-me para essa dimensão.

— Que Guardião o enviou para cá?

— Bom, ele usava uma espada transparente, e de vez em quando o ouço chorando em silêncio por ter me aprisionado aqui.

— Você se sente um prisioneiro aqui?

— Não. Mas não sei como sair daqui, e dá no mesmo, não?

— Para sair basta pensar aonde deseja ir e projetar-se, pois se deslocará para onde quer ir.

— Ele abriu uma passagem daquela dimensão para essa, e atravessei um túnel, vindo parar em um lugar cheio de serpentes.

— E ele agora se sente arrependido por tê-lo enviado para junto das serpentes elementais?

— Sim. A espada deve já não estar tão translúcida como antes, sabe?

— Como você sabe que ela escureceu?

— Posso ouvi-lo e vê-lo daqui, caso queira.

— Por que não volta até ele e o tranquiliza quanto ao seu bem-estar? Assim ele parará de culpar-se e voltará a ser feliz novamente.

— Antes me diga ao menos quem é... Como é mesmo o nome da divindade que o senhor falou?

— O nome do divino regente desse ponto de forças planetárias e multidimensionais é Ia-or-me-ri-iin-de-ne-yê, que para vocês, os humanizados, é o sagrado Orixá Oxumaré.

— Oxumaré?! Não está enganado?

— Não estou não, irmão humanizado.

— Ouvi umas descrições humanas do Orixá Oxumaré, e não falam nada sobre ele reger uma dimensão da vida, ou mesmo algum ponto de forças planetárias e multidimensionais. Como é que pode ser uma coisa dessas?

– O que dizem por lá os que ensinam sobre o divino Ia-or--me-ri-iin-de-ne-yê?

– Sobre o Orixá Oxumaré, você quer dizer, não?

– Esse nome dele é só uma adaptação à dimensão humana, irmão. Mas diga-me então como descrever o Divino Oxumaré, está bem?

– Bom, os que o descrevem dizem que ele é metade do ano macho e a outra metade fêmea.

– Uma divindade dual, é isso?

– Por que dual?

– O Divino Oxumaré atua tanto sobre os machos quanto sobre as fêmeas. E nas irradiações cristalinas-minerais fluem em todos os seres e criaturas, irmão humanizado. E ele, na dimensão humana, forma par com várias outras divindades nativas, quando então atua em vários níveis e em muitas linhas de forças projetadas desde esse ponto de forças planetárias e multidimensionais.

– Nossa!

– Por que o espanto?

– Não é nada disso que ensinam por lá, sabe? Até dizem que ele é homem e cobra.

– O Divino Oxumaré rege sobre todas as criaturas rastejantes que você chama de cobras ou serpentes. Mas só as elementais, pois as que existem na dimensão material humana atendem outros objetivos de nosso Divino Criador, que as direcionou à dimensão humana com fins especiais àquele estágio da evolução. Aqui os fins delas são outros. Olhe essa que está com você!

– O que ela tem?

– É um símbolo vivo de nosso querido divino regente, que é o próprio Arco-Íris Celestial.

– Ela era branca antes de tocá-la com minha mão.

– Você está enganado. Elas são raríssimas e só os Ia-or-me--ri-iin-de-ne-yê as levam consigo quando se deslocam para outras dimensões, pois são seus intermediadores celestiais, e Guardiões do Mistério do Arco-Íris.

— Bom, tudo isso eu não sabia. Mas que essa cobra era branca, isso era.

— Não pode ser, irmão. Cobras não mudam de cor. Elas são elementais!

— Mas que droga! Já não me basta aquele Guardião Cristalino não ter acreditado em mim, e agora o senhor também duvida?

— Não estou duvidando. Apenas talvez sua visão ainda estivesse meio desfocada e a viu toda branca, mas depois que a apurou, aí a viu como ela é: a serpente símbolo do arco-íris celestial, que é o divino Ia-or-me-ri-iin-de-ne-yê.

— Bom, que seja. Mas eu a vi branca quando me pediu para deixá-la sentir minha pele.

— Ela, essa serpente elemental, lhe pediu isso?

— Sim.

— Você consegue comunicar-se com ela?

— Só através de vibrações. É assim que nós dois nos comunicamos.

— Você se comunica com outras serpentes?

— Sim, mas a que mais gostei foi dessa. Ela tem em si tudo o que as outras, cada uma em si mesma, têm. Se deixo as azuis sentirem minha vibração, capto delas uma energia que me faz vibrar amor. Se é a vermelha, então, sabe, é, você sabe, não?

— Não sei se sei, irmão humanizado. Mas se você me disser o que ela irradia em você, talvez confirme o que já aprendi. Vamos, diga-me!

— Ela, sabe, eu... nossa! Um vigor toma conta de todo o meu corpo.

— Você quer ou está tentando dizer que ela irradia uma energia que o excita, é isso?

— Puxa, você também já captou as energias que ela irradia?

— Já, irmão humanizado.

– Saiba que as outras continuaram da mesma cor quando acariciei suas cabeças. Só essa, que era branca, tornou-se assim, multicolorida.

– Bem, talvez você não tenha se enganado, irmão humanizado. Por que não volta até onde está o Guardião Cristalino e o tranquiliza quanto ao seu bem-estar, e depois volta aqui e conhece melhor o ponto de forças regido pelo Divino Oxumaré?

– Como faço para ir até ele?

– Faça como lhe falei, mentalize-o e projete-se até onde ele se encontra. Sua mente o conduzirá até a dimensão dele!

– Nunca fiz isso antes. Acho que acabarei indo parar em algum lugar estranho.

– Então faça como ele faz: irradie com as mãos e abra uma passagem multidimensional que o levará até onde ele se encontra agora. Depois volte e feche!

– Será que consigo?

– Tente, irmão do Arco-Íris Celestial!

Bom, eu tentei... e consegui, pois abri uma passagem que mostrava o Guardião, que se assustou com o que eu havia feito e ficou me olhando através dela. Mas ele não me reconheceu, já que eu estava sem os cacos cravados em meu corpo, e nem todo manchado de sangue.

– Ele se assustou. Acho que é por causa dessa cobra, não? – perguntei ao senhor que conversava comigo, pois seus acompanhantes tinham permanecido calados o tempo todo, e só me observavam. Acho que estavam me estudando!

Então pedi:

– O senhor pode segurar essa cobra para que eu possa ir até ele e agradecê-lo por ter me ajudado?

– Claro! Ordene a ela que venha para mim.

Eu ordenei e ela foi. Mas, assim que se enrolou nele, voltou a ficar branca. Então lhe perguntei:

– De que cor é essa cobra, senhor?

— Branca, irmão do Arco-Íris. Você não se enganou quanto à cor dela. E isso quer dizer que não é ela que é um símbolo vivo do sagrado Oxumaré. Mas sim, que você é um irradiador natural do Mistério Ia-or-me-ri-iin-de-ne-yê!! — exclamou aquele senhor, admirado, olhando-me de forma estranha e se ajoelhando bem à minha frente.

— Que absurdo! Por que vocês se ajoelharam?

— Dê-nos sua bênção, Guardião dos Mistérios do Nosso Divino Senhor!

— Eu sou tudo isso que o senhor falou?

— É sim, Guardião do Arco-Íris Celestial. Dê-nos sua bênção, em nome do Divino Oxumaré, Senhor do Mistério do Arco-Íris Divino.

— Bom, uma bênção é uma bênção em qualquer lugar. E se podemos abençoar nosso irmãos, então eu os abençoo, meus irmãos! — falei enquanto elevava as mãos espalmadas sobre todos eles. E para minha surpresa, do centro de minhas mãos explodiram dois fluxos irradiantes multicoloridos e cintilantes que os envolveu totalmente. Mas de minha testa, ou melhor, de meu chacra frontal, também explodiu um fluxo multicolorido que penetrou em suas testas, tornando-os multicoloridos.

— Pronto! Já os abençoei em nome de Deus e do Divino Oxumaré. Agora vou agradecer ao Guardião Cristalino pelo bem que ele me fez.

— Nós podemos acompanhá-lo, Guardião do Arco-Íris Celestial? — pediu aquele senhor, reverentemente.

— Claro! Venham, meus irmãos, vamos devolver a paz àquele nosso outro irmão!

O caso é que aqueles fluxos multicoloridos não se recolhiam, mesmo que eu mentalmente tentasse. Desisti de recolhê-lo, apanhei o bastão cristalino do ancião e penetrei na passagem, dirigindo-me até onde estava o Guardião Cristalino, também ajoelhado! E quando chegamos bem à frente dele, sem levantar a cabeça, já foi pedindo:

— Dê-me sua bênção, Guardião Celestial do Arco-Íris Divino! Unja-me com sua bênção e e permita que esse humilde servo da Lei beije suas mãos benditas, meu senhor.

Também o abençoei, e também ele foi envolvido por aquelas irradiações multicoloridas. E quando ele beijou minhas mãos, também beijei as dele, pois esse era um hábito entre os pais e mães no santo, tanto da Umbanda quanto no Candomblé, e que simboliza a irmanação dos sacerdotes regidos pelo sagrados Orixás.

Eis, na religião dos Orixás o sacerdote mais novo beija as mãos dos mais velhos, e estes retribuem beijando as dele, sinalizando que o têm como mais um que se consagrou e às suas mãos para retribuir bênçãos em nome dos sagrados Orixás.

Mas ele, quando lhe beijei as mãos, se já estava com os olhos lacrimosos, começou a chorar. Então o abracei e o apertei contra meu peito, enquanto chorava também. Depois de algum tempo, consegui falar-lhe:

— Eu voltei para agradecê-lo, Guardião Cristalino. Muito obrigado por ter me aberto aquela passagem até a dimensão onde pude curar-me dos cacos de vidro cravados em meu corpo.

— O senhor é aquele... — e mais ele não falou, pois começou a chorar novamente, enquanto clamava por perdão, perdão e perdão!

— Um bem não é para ser perdoado, mas sim agradecido e abençoado. E eu vim para agradecê-lo e abençoá-lo em nome de Deus, Guardião Cristalino. Que Deus o abençoe!

— Não mereço sua bênção, Guardião do Arco-Íris Celestial! Eu desejei puni-lo por ter penetrado na faixa neutra que oculta os Mistérios cristalinos-minerais vivos.

— Eu não penetrei nela, Guardião. Alguém, que não sei quem é, colocou-me dentro dela.

— Perdoe-me se duvidei do senhor.

— Você não tinha de acreditar no que eu dizia. E se sua função é guardá-la, também não tem de repreender-se porque cumpre com seu dever. Vamos, levante-se e abrace-me forte, pois quero guardar comigo um abraço do irmão que me enviou justamente para o único lugar onde eu poderia ser curado.

Ele se levantou e abraçou-me forte, quase como se estivesse desesperado. Também o abracei e acariciei suas faces banhadas pelas lágrimas que corriam de seus olhos. Então lhe pedi:

– Não chore mais, por favor! Eu estou bem!

– Não consigo parar de chorar, Guardião.

– Por que não?

– Já puni a tantos que ousaram penetrar naquela caixa proibida, e talvez muitos estivessem sendo movidos por esse poder que o colocou dentro dela. Quantas injustiças já não cometi, Guardião Celestial do Arco-Íris Divino?

– Você não cometeu nenhuma injustiça, Guardião Cristalino. Apenas tem cumprido seu dever e também é movido pelo poder divino que rege o Mistério Guardião. E assim como me enviou àquela dimensão onde me curei, então você enviou todos os outros às dimensões onde também terão se curado.

– O senhor foi o primeiro que enviei a outra dimensão. Todos os outros recolhi em nossa prisão cristalina, onde gemem de dor. Sinto-me tão triste com o estado deles!

– Por que não me leva até essa prisão? Talvez, olhando-os, possa dar-lhes algum alívio, não?

– O senhor fará isso por eles, Guardião Celestial do Arco--Íris Divino?

– Claro! Se antes dor era meu nome, agora me chamo curador, Guardião Cristalino. Vamos!

– O ancião sabe disso, meu senhor. Ele sofre mais que eu com o estado dos prisioneiros.

– Não é ele que está logo ali, ajoelhado?

Após olhar para onde eu indicava, ele confirmou. Então fui até o ancião e, depois de abençoá-lo, também o abracei com ternura. Em seguida, devolvi-lhe seu bastão de cristal, mas desculpei-me por tê-lo tornado todo furta-cor por causa daquela minha irradiação multicolorida.

– Meu senhor desculpa-se por transformar meu bastão em um irradiador do Sagrado Arco-Íris?

– Sim.

– Por favor, meu senhor! Não sabe como estou feliz por meu humilde bastão ter lhe servido de apoio em um momento de sua existência em que dava uma prova ao nosso Divino Criador de que sua força interior era superior a toda a dor que estava sentindo. Não sabe como estou feliz, meu senhor!

– Sei sim, ancião. Sinto sua alegria, que o deixa todo rosado. Como é lindo ver a alegria!

O ancião olhou-se e viu que estava todo rosado. Até suas vestes brancas haviam assumido sua nova e irradiante cor rosada! Então ele falou:

– Venha, nós o conduziremos até a prisão cristalina!

Pouco depois entrávamos na prisão cristalina, onde, em celas individuais, estavam detidos milhares de espíritos, ou não, que por razões as mais diversas haviam penetrado na caixa neutra.

Ao ver seus estados, lamentei seus sofrimentos e clamei a Deus que os perdoasse, pois haviam fraquejado em suas provas, ou haviam tentado apossar-se de Mistérios que ainda não estavam preparados para conhecer.

Não sei como, mas, enquanto orava, de meu corpo fluiu uma nevoa multicolorida que se espalhou por toda a prisão, e adormeceu todos os que ali se encontravam. Inclusive o Guardião Cristalino, o ancião e aqueles irmãos que haviam me acompanhado. Só minha serpente não adormeceu.

Movido por uma inspiração superior, estendi as mãos e plasmei um grande vaso de cristal, que colocava ao lado do prisioneiro adormecido, e nele recolhia os cacos de cristal cravados em seus corpos energéticos.

Eu retirava os cacos só irradiando com as mãos. E assim que extraía todos os cacos, ainda dormindo aqueles irmãos eram puxados para outras faixas vibratórias. Observei aquilo, e deduzi que quando acordassem iriam acreditar que haviam vivenciado um pesadelo dolorido, e olhariam com outros olhos os interditos da Lei que rege os Mistérios divinos.

Quando se encheu o primeiro jarro, plasmei outro e outro e outro, até que o último dos prisioneiros foi levado embora pela Lei que vela pelos Mistérios vivos. E com ele se foi a névoa que os havia adormecido.

Todos os meus acompanhantes despertaram e ficaram curiosos com o que havia acontecido. Só lhes contei isto:

– A Lei que guarda os Mistérios vivos cuidará deles de agora em diante. Agora vou devolver esses cacos de vidros aos seus lugares.

Envolvi todos os jarros com uma irradiação e os levei até a faixa neutra, negra como o próprio ônix, onde, de um em um, e após uma prece ao Divino Criador, os esvaziei dentro da escuridão total, e falei:

– Que seus Mistérios continuem ocultados de todos os que ainda não estão preparados para vivenciá-los. Segundo o poder que através de vocês se manifesta a nós, os viventes nos Mistérios de Deus!

A seguir, recolhi os jarros que havia plasmado, e voltei-me para o Guardião Cristalino para despedir-me.

– Obrigado por ter me libertado de todo o incômodo que sentia, meu senhor.

– Continue recolhendo à prisão todos os que tentarem penetrar nessa faixa neutra, Guardião. E envie para a dimensão que pedirem todos os que disserem como é o centro dela, está bem?

– Sim, senhor.

– E não se recrimine por cumprir seu dever, pois nosso Senhor Divino, que tudo vê, o tem observado o tempo todo e não o repreendeu por você cumprir seu dever. E quanto aos que aprisionar, não se preocupe, pois no momento certo sempre virá alguém autorizado a curar suas dores e transformá-las em tristes lembranças de doloridos pesadelos!

– Sim, senhor.

– Só não deixe de sentir pena deles, pois foi por me revoltar contra meu dom de curar as dores alheias que, primeiro, me transformei em um homem de pedra, e depois, em um homem ferido pela falta de compaixão pelos sofredores.

– Sim, senhor.

– Obrigado por terem me ajudado em um momento difícil de minha longa jornada, e que Deus os abençoe!

Quando os abençoei, de meu peito saiu um fluxo multicolorido que alcançou o peito deles e os marcou com um arco-íris raiado igual ao que eu trazia em meu próprio peito.

Eles nada falavam, pois soluçavam, e eu optei por voltar à passagem, que foi se fechando à medida que nos dirigíamos de volta à dimensão onde se localizava o ponto de forças regido pelo divino Ia-or-me-ri-iin-de-ne-yê, ou o Orixá Oxumaré!

Já dentro dela, aquietei-me por completo e consegui recolher aquelas irradiações, voltando a ser como era antes. E aquele senhor respeitosamente me perguntou:

–Meu senhor, o que fará agora que já sabe que é um Ia-or-me-ri-iin-de-ne-yê?

– Eu prefiro ser chamado de irmão do Arco-Íris, senhor. Não sou senhor de nada, e não sei o que é realmente alguém com esse nome mantrânico. Deixemos tudo como quando me encontraram, está bem?

– Nós assistimos ao senhor atuando, e nada mais será como era antes. Talvez o senhor tenha nos dito que era humano só para testar nossa credulidade. Foi isso, não?

– Não foi, irmão do Arco-Íris. Eu não tenho por que mentir ou enganá-los. Sei tão pouco que acho que vou voltar ao isolamento novamente.

– Podemos acompanhá-lo?

– Aí não será isolamento, irmãos.

– Nossa presença o incomoda?

– Não, de forma alguma. Apenas acho que não pertenço a essa dimensão, e não é certo permanecerem aqui.

– Essa é a dimensão do sagrado regente do Arco-Íris. E se o senhor é um de seus Guardiões Celestiais, então ela também é sua, meu senhor.

– Não conheço nada ou ninguém por aqui, e sinto-me tão deslocado.

– Nós o apresentaremos a todos os nossos irmãos e irmãs. Eles ficarão muito felizes com seu retorno à sua dimensão original. Logo todo o adormecimento da dimensão humana desaparecerá e se reconhecerá como o Guardião Celestial que sempre fostes, e nunca deixastes de ser, senão nosso divino regente não o teria resgatado do meio humano, mesmo ainda estando sem sua memória imortal aberta.

– Acho que tudo está acontecendo de forma tão premeditada que é melhor retornar à dimensão humana e aguardar mais algum tempo.

– Então vai nos deixar mesmo? – perguntou aquele senhor, já com lágrimas correndo dos olhos. E os outros, que se mantinham calados, também estavam tristes e derramando lágrimas.

– Ouçam... não tornem nossa despedida tão triste. Por favor! Não gosto de ver ninguém triste.

– Nós não o agradamos, não é mesmo?

– Não é nada disso, senhor. Eu... por favor, não chorem assim, pois mesmo que não emitam som algum posso ouvir vossos prantos silenciosos. Eu gosto de vocês. Mas não quero macular sua morada celestial, pois ainda sou humano, muito humano!

– Todos os nossos que se humanizaram e retornaram são maravilhosos. E o senhor também é, pois nós assistimos ao senhor em sua atuação e... e...

– E o quê, irmão do Arco-Íris?

– E o adotamos como nosso mestre. Mas agora vai nos deixar órfãos e desamparados, pois para nós nada mais será como era antes de o conhecermos.

– Santo Deus! O que foi que fiz com vocês, meus irmãos? Será que os encantei e não sei?

– O senhor nos encantou e agora que vai nos deixar tirará todo o encanto que encontramos no senhor.

– Minha nossa! O que foi que fiz dessa vez! Vocês estão se apagando completamente!

– Estamos tristes porque o escolhemos para ser nosso mestre, e o senhor nos recusou.

– Eu não os recusei, meus irmãos.

– Não?! – exclamou ele, readquirindo parte de sua luminosidade.

– É claro que não. Entendam que não sei lidar com tudo o que está acontecendo, e temo que venha a magoá-los mais adiante. Sei tão pouco sobre vocês, esse lugar, e o próprio sagrado Oxumaré. Vocês entendem bem isso, não?

– Isso nós entendemos. Mas é só uma questão de tempo para que deixe de vibrar esse temor, pois sua memória imortal despertará e aí tudo ocorrerá naturalmente.

– Bem, então os aceito como discípulos, e vamos ver como tudo acontecerá, não? – falei, enquanto os abraçava. No instante seguinte eles voltaram a irradiar mais forte que antes, e vibraram de alegria.

Limitei-me a olhar para o alto e exclamar:

– Que seja feita vossa vontade, meu Pai. Mas me guie, por favor!

Depois pedi que me conduzissem até o vale, pois gostaria de conhecê-lo.

– O senhor quer dizer que deseja revê-lo, não?

– Revê-lo? É... acho que é isso. Levem-me para rever tudo o que já me esqueci.

– O senhor não esqueceu. Só teve sua memória adormecida, Guardião Celestial! – exclamou aquele senhor, muito feliz.

Algum tempo depois chegávamos ao vale sem fim, e meus olhos encheram-se de lágrimas, de tão belas que eram as coisas que via.

Eu parava para olhar as flores, lindas como só as flores conseguem ser. Parava para ver nascentes de águas tão cristalinas que chegavam a cintilar. Outras eram tão azuis que seus reflexos impressionavam meus olhos humanos.

E as construções, então?

Eram de uma beleza, harmonia e acolhimento que dava vontade de entrar nelas só para poder ver como seriam por dentro.

– Meu Deus! Isso aqui é o paraíso perdido cantado em verso e prosa por todos os escritores humanos! Meu Divino Criador, por que ninguém nunca escreveu sobre essa qualidade divina do divino Orixá Oxumaré? Por que as lendas sobre os sagrados Orixás são tão deficientes quanto a esses domínios celestiais de Deus? Por que todos ficam a escrever coisas e procedimentos humanos quando tudo neles é celestial, encantador e divino?

– Talvez eles não saibam ou não tenham alguém para contar-lhes como são realmente os regentes celestiais, meu senhor – falou-me meu primeiro discípulo aqui naquela dimensão. – O senhor gostaria de visitar o interior de alguma dessas moradias?

– É permitido?

– As que estão com a porta principal aberta podem ser visitadas, pois seus moradores estão dentro delas. Já as que estão fechadas é porque eles não estão aqui.

– Por aqui é assim?

– Sim, senhor.

– Puxa!!!

– Essa aí em sua mente pode ser visitada!

– Não, deixemos isso para depois. Prefiro continuar explorando essa cidade encantadora, jamais vi outra igual antes. Que maravilha!

E pensar que todos por aqui vivem sob o amparo da irradiação do divino Orixá Oxumaré!

Meu Deus, se eu revelasse isso lá na Terra, com certeza ninguém me acreditaria, irmão.

– Por que não acreditariam, meu senhor?

– Por lá, as pessoas abrigam opulência e miséria; beleza e tristeza; alegrias e dores; vícios e virtudes; igrejas e casas de vícios, e uma infinidade de outras disparidades que ferem nossos íntimos.

– Entendo. É por isso que vemos tantas mágoas em seu íntimo, não?

– Vocês veem isso em meu íntimo?

– Sim, senhor. Mas também vemos grandes alegrias, atos de fé, de amor, de gratidão, de generosidade, e muitas outras coisas.

– Como vocês veem isso em mim?

– Vemos tudo isso através de seus olhos humanos, Guardião Celestial. Longa foi sua jornada na dimensão humana, e você vivenciou tantas coisas opostas que o respeitamos muito, mas muito mesmo, sabe.

– Só porque as vivenciei?

– Já não é o bastante ter vivido entre os dois polos extremos e ter conquistado em sua jornada humana tantos graus como o senhor conquistou?

– Eu conquistei graus? Que graus?

– Só conheço os que pertencem a essa dimensão regida pelo Divino Oxumaré. Mas todos os outros também que são tão importante quanto eles, e alguns até são mais, pois são Mistérios vivos dos outros regentes planetários.

– Você viu isso em meus olhos?

– Vi, e agora já começo a vê-los no senhor, que os irradia muito sutilmente, pois todos estão adormecidos em sua memória imortal. Não imagina como somos gratos por ter nos aceitado como seus filhos, mestre amado! Acho que o senhor é um dos mais antigos dos Guardiões Celestiais do Arco-Íris Divino. É, com certeza o senhor é um dos Guardiões Ancestrais que foram enviados à dimensão humana.

— Você está louco ou delirando?

— O que é louco ou delirando, meu senhor?

— Significa que você está vendo em mim coisas que não existem. Acho que você se impressionou com o que viu em mim, sabe?

— Estou lhe revelando só o que vejo em sua memória adormecida, meu senhor.

— Está certo. Mas não falemos mais nisso, está bem?

— Sim, senhor. Mas que vejo tudo isso, saiba que vejo!

— É, você me adotou como seu mestre mesmo. Já fala como eu ao sustentar suas certezas!

— Os bons discípulos puxam aos seus pais, meu senhor!

— Então vocês estão encrencados, irmãos do Arco-Íris.

— Por que, Guardião Celestial?

— Vão viver divididos entre os dois extremos em tudo daqui em diante, pois comigo tudo tem sido assim o tempo todo. Em um momento estou no êxtase, e no seguinte estou todo possuído pela agonia!

— Só assim a têmpera de um Guardião se forma, não? Ou não foi essa sua poderosa têmpera que o fez suportar toda a dor e dominar seus sentimentos para que pudesse absorver os Mistérios vivos que agora fluem através de seus sentidos?

— Até isso vocês veem?

— Sim, senhor. O sagrado arco-íris nos honrou com um Guardião que possui uma têmpera muito resistente! Abençoados nós fomos quando nos abençoou, Guardião Celestial. Nós nos sentimos honrados por aceitar-nos como seus filhos do Arco-Íris Divino!

— Quando os abençoei, também os adotei?

— Sim, senhor.

— Então adotei aqueles dois irmãos nossos que guardam aquele meio neutro?

— Sim, senhor. Eles já o têm na conta de um pai amado. E sentem-se muito felizes, pois agora têm um pai que é Guardião Celestial do Arco-Íris Divino. O senhor renovou a vida deles e abriu-lhes um novo campo onde pode não atuar de agora em diante.

— Verdade?

— Sim, senhor. E caso venham a precisar, recorrerão aos Mistérios que fluem através do senhor para se sustentarem em caso de dificuldades, ou de necessidades do amparo de seu poder celestial. O senhor também os encantou, sabe?

— Tem certeza disso?

— Sim, senhor. Agora, quando o Divino Oxumaré precisar atuar naquela dimensão, certamente recorrerá a eles, pois os viu através de seus olhos e aprovou como eles vinham se portando como Guardiões daquele lugar. E além do mais, quando o senhor começou sua atuação sobre aqueles prisioneiros, o próprio regente se manifestou dentro daquela prisão cristalina! Foi divina sua atuação, meu senhor!

— Quando ele se manifestou, irmão?

— Ele se manifestou como energia multicolorida. E adormecemos assim que ele se manifestou, pois não suportamos sua divina essência.

— Aquela névoa multicolorida era uma manifestação do Divino Oxumaré?

— Não era uma névoa, meu senhor. Era essa essência divina fluindo através dos Mistérios que se manifestam através dos Mistérios do Arco-Íris Divino, que é o divino Ia-or-me-ri-iin-de-ne-yê!

— Santo Deus!!! E eu pensei que aquela névoa era para adormecer aqueles infelizes que estavam sofrendo!

— Ninguém, se não está autorizado por um Guardião, pode assistir às suas atuações, que sempre atendem às vontades dos regentes planetários e multidimensionais.

— Tem certeza disso?

— Sim, senhor. Só o Divino Oxumaré e o senhor sabem o que se passou dentro daquela prisão cristalina.

— Só nós dois?

— E mais os outros regentes planetários que assistem a tudo o tempo todo!

— Por favor, irmão. Preciso de silêncio para poder refletir um pouco.

— Sim, senhor, meu Senhor Guardião Celestial do Arco-Íris Divino.

Caminhei por lindas alamedas, mas nada via, pois ia refletindo sobre tudo o que aquele irmão havia me revelado. E mais uma vez perguntei:

— Por quê, meu Pai?

— Porque você é um arco-íris vivo que encarnou para falar da beleza, encanto e divindade das cores vivas do Arco-Íris Divino que ilumina a vida de todos os seres vivos, meu pequeno arco-íris humano! — foi a resposta que obtive ao fazer aquela pergunta.

— Que seja feita sua vontade, meu Pai!

E mais não pensei, voltando minha atenção ao lugar onde nos encontrávamos. Eu não havia percebido nada à minha volta, e deparei-me com uma esplendorosa praça, toda ocupada por muitas pessoas, ou talvez espíritos, ou talvez nossos irmãos naturais, sei lá!

O que importa é que os via como pessoas irradiantes, e não vou perder o fio de minha narrativa com esses detalhes, certo? Afinal, se se parecem conosco, os humanos, então são pessoas ou indivíduos!

Eu caminhava e me deslumbrava com tantas belezas e encantos reunidos em um só lugar. E aqueles irmãos e irmãs do Arco-Íris? Como são lindos!

— Isso, esse lugar é o paraíso, irmão do Arco-Íris! — exclamei sorridente e feliz, muito feliz!

— Essa é sua morada, meu senhor — respondeu-me ele, também sorrindo.

— Por que, quando cumprimento alguém, curvam a cabeça reverentemente?

— Eles o saúdam, meu senhor, e reverenciam seu Grau de Guardião Celestial do Arco-Íris Divino.

— Como sabem que sou isso que você diz que sou, se recolhi aquela irradiação luminosa?

— Só os Guardiões celestiais levam consigo a serpente simbólica do Arco-Íris Divino, meu senhor. E nenhum ostenta seus graus se não estão atuando.

— Então esses irmãos e irmãs também possuem seus graus, aos quais desconheço totalmente, não?

— Muitos possuem tantos graus quanto o senhor, outros mais, outros menos. Tudo é uma questão de ancestralidade e têmpera, meu senhor.

— Preciso aprender sobre isso senão passarei por mal-educado, certo?

— Eles sabem que o senhor está chegando agora, e ainda não se recordou do tempo em que viveu aqui.

— Como eles sabem?

— Basta olhar para o senhor que já percebem que ainda está com sua memória adormecida, mas assim mesmo o reverenciam, pois imaginam que longa deve ter sido sua jornada humana, já que você irradia sua alegria a todos, e a longas distâncias!

— Acho que preciso controlar minhas emoções.

— Por quê? Não é bom estar feliz?

— É bom, sim. Mas devo parecer um panaca deslumbrado, não?

— O que é um panaca deslumbrado, meu senhor?

— Deixe para lá. Vou aquietar meu emocional e ser um pouco mais discreto de agora em diante. Que aglomeração será aquela lá adiante?

– Vamos até lá e verá, meu senhor.

Nós fomos, e vi que estavam apresentando um recital infantil regido por uma irradiante irmã que era uma criatura encantadora. Quanto às crianças, que encanto de crianças!

Pareciam-se com anjinhos de pinturas religiosas!

– Quem são essas crianças, irmão?

– São nossos irmãos mais novos, meu senhor. Vivem amparados pelas mães naturais.

– Mães naturais?

– Sim. Elas os acolhem e os amparam até que se tornem adultos e alcancem novos estágios evolucionistas.

– Essas crianças nunca encarnaram?

– Não, senhor. Elas ainda pertencem ao estágio encantado.

– Entendo. Há muitas delas por aqui?

– Não, senhor. Elas vivem em outras dimensões. Aquelas, por exemplo, vieram da dimensão regida pela divina Oxum.

– Verdade?

– Sim, senhor.

– Quanto tempo demoram para crescer?

– Tempo?

– Aqui não contam o tempo?

– Não, senhor. Acho que nem sei o que é tempo, sabe?

– Sei. Vocês não têm noites ou dias, pois o tempo é sempre o mesmo. Logo, para que calendários, datas ou relógios, não é mesmo?

– Acho que não precisamos dessas coisas que o senhor falou. Veja, aquela nossa irmã mineral entrou em vibração com o senhor.

– Como é que é?

– Eu disse que vibratoriamente ela se sintonizou com o senhor.

– O que isso significa?

– Que partilham de um mesmo Mistério, ou que ambos já estiveram sob a irradiação direta de algum Mistério no mesmo tempo e lugar.

— Seja mais claro, irmão do Arco-Íris.

— Olhe para nós, seus filhos. Veja que nós sete o conhecemos ao mesmo tempo e passamos a absorver seu Mistério Guardião Celestial do Arco-Íris Divino. E permaneceremos com o senhor o quanto for preciso, para que também nós possamos irradiar esse Mistério. Então o Divino Oxumaré designara a cada um de nós alguma missão celestial em alguma outra dimensão e faixa vibratória. Mas, mesmo que passem muitos ciclos ou estágios evolucionistas, e mesmo que venhamos a viver sob a irradiação direta de outros Mistérios e de outros regentes planetários, ainda assim, quando nos reencontrarmos, no mesmo instante nos afinizaremos e entraremos em sintonia vibratória, porque em nossas memórias imortais estará registrado tudo o que estamos vibrando neste momento.

— Entendi. E agora que sei como, então lhe pergunto: quem entrou em sintonia vibratória comigo?

— Foi aquela nossa irmã mineral que trouxe seus filhos amados para conhecerem nossa dimensão cristalina-mineral.

— Você tem certeza?

— O senhor não consegue ver a ligação vibratória que se estabeleceu assim que o senhor começou a apreciar o recital?

— Foi, é?

— Foi sim. Ela também percebeu alguma coisa. Mas porque estava com toda a atenção voltada para os infantis, só agora o localizou e acho que já o identificou, pois, como ela nunca encarnou, então não teve adormecido esse momento vivido em comum.

— Que momento ou Mistério ela vivenciou comigo, irmão do Arco-Íris?

— Essas coisas não devem ser reveladas, meu senhor. Só quem as vivenciou pode revelá-las. Mas nós não costumamos fazer isso. Nós, por exemplo, estamos absorvendo seu Mistério Guardião, e mesmo que outros irmãos nossos vejam isso, não revelarão a ninguém ou comentarão algo sobre o que estamos vivenciando sob sua irradiação direta.

— Por quê?

— Tudo o que vivenciamos faz parte de nosso aprendizado e evolução. E se nosso regente divino está aprovando esse momento de nossas vidas, ninguém mais tem o direito de nos incomodar com suas observações pessoais, que podem ser apropriadas para o momento que eles vivem ou já viveram, mas que não serão bons para nós, que ainda não vivenciamos seu Mistério Guardião, e não temos como avaliar se nos trará a satisfação plena ou só parcial.

— O que acontecerá se forem plenas as satisfações?

— Nós nos tornaremos Guardiões em todos os nossos sentidos.

— E se não forem plenas?

— Só seremos Guardiões em um ou alguns de nossos sentidos. Às vezes não alcançamos a plenitude nem em um dos sete sentidos básicos, só a encontrando em um dos já derivados de algum deles. Então vivenciaremos essa plenitude parcial até que surja em nossas vidas um outro pai que nos proporcione uma satisfação derivada, parcial ou plena.

— Entendo. Tudo por aqui acontece mais ou menos como na osmose celular.

— O que é isso, meu senhor?

— Bom, se uma célula está precisando de algum nutriente, sua vizinha que o tiver em excesso pode ceder-lhe o que lhe falta, e se estabelece então um equilíbrio para que ela funcione plenamente.

— Não sei o que é célula, ainda, meu senhor. Mas acho que é isso.

— Ainda, você disse?

— Sim.

— Por quê?

— Bem, já estou começando a compreender as células humanas através das informações armazenadas em sua memória imortal, meu senhor.

— Santo Deus! Entre nós se estabeleceu uma ligação semelhante a uma rede de computadores! O que vocês não têm de conhecimentos sobre os humanos, eu lhes forneço e fica armazenado em nossas memórias!

— É o que acontece, meu senhor. Espere só um momento... Ah! Sim, é isso mesmo. Acho que os computadores humanos são semelhantes às nossas telas cristalinas-minerais.

— Como elas são?

— Temos uma tela mãe, e todas as telas que vibrarem no mesmo padrão recebem tudo o que todas estiverem captando no lugar onde se encontram.

— Dê-me um exemplo, irmão do Arco-Íris.

— Digamos que aqui à nossa frente exista uma tela mineral-cristalina que vibre no mesmo padrão que outra tela localizada lá na dimensão humana. Então, caso lá ocorra alguma coisa, essa aqui pode nos mostrar, caso a ativemos.

— Entendi. E como você a ativa?

— Basta entrar em sintonia vibratória com ela que fico sabendo de tudo o que está acontecendo no campo vibratório da tela localizada na dimensão humana.

— Incrível! Isso é magnífico! Obedece aos princípios básicos da psicometria, mas em um nível muito mais abrangente, pois pode nos colocar em sintonia contínua com quem estiver em outra dimensão! Meu Deus! Finalmente descobri! Que bênção em minha vida você está sendo, irmão do Arco-Íris! Que Deus o abençoe, abençoe e abençoe!

— Por que você está me abençoando tanto, meu senhor? Deve ser comedido na distribuição de suas bênçãos, pois elas trazem o poder e a força do sagrado regente Oxumaré!

— É claro que sim, irmão do Arco-Íris! Eu o amo! Amo todos os meus irmãos, que também são meus irmãos, e amo todos os guias de Umbanda, que, se não nos revelaram esse Mistério, no entanto sempre nos recomendavam que usássemos no pescoço uma guia de cristais!

– Santo Deus! Que Mistério magnífico! – exclamei, todo feliz.

– O senhor não sabia disso, meu senhor?

– Não sabia, irmão maravilhoso. Já escreveram tanto sobre os colares que os filhos dos Orixás usam no pescoço, mas nunca revelaram o Mistério que existe por trás do uso dos cristais-minerais!

Escreveram que protegem, e nada mais! Por isso muitos os usam escondidos, ou nem os usam por vergonha de ser chamados de fetichistas. Meu Deus! Se soubessem que, ao usarem um colar de cristal, além de criarem um cinturão protetor irradiante estariam em sintonia direta com seus guias, mentores e Orixás, com certeza não se envergonhariam nunca de usá-los ostensivamente!

– Já pensou se eles soubessem disso, irmão do Arco-Íris?

Já pensou se eles soubessem que, através dos cristais de seus colares, qualquer vibração estranha estará sendo captada lá na dimensão de seu Orixá, que imediatamente ativará o poder irradiante de seu cristal afim, e protegerá seu filho em outra dimensão até que algum guia no mesmo nível vibratório irá socorrê-lo, ajudá-lo ou ensiná-lo a anular as vibrações que o incomodam?

Santo Deus! Tudo no culto dos Orixás está fundamentado em Mistérios Divinos! Até as guias estão fundamentadas em Mistérios planetários e multidimensionais! Como eu gostaria de ter sabido disso antes! Por que ninguém ensina isso quando escrevem sobre as guias usadas pelos médiuns de Umbanda?

Então olhei para o alto, e perguntei:

– Por que não ensinam isso e tornam todos os médiuns pessoas passíveis de ser chamadas de fetichistas. Por quê, meu senhor?

"Porque você é um arco-íris vivo que encarnou para falar da beleza, encanto e divindade das cores vivas do Arco-Íris Divino que ilumina a vida de todos os seres vivos, meu pequeno arco-íris humano!"

Mais uma vez ouvi aquela voz respondendo a mesma coisa em meu íntimo, e falando comigo. Uma emoção muito forte explodiu em meu íntimo, e entendi que essa era a vontade de meu Senhor: ele estava me dizendo para voltar à dimensão humana e ensinar esses conhecimentos aos filhos dos Orixás!

Sem que me apercebesse, pois estava muito emocionado, tudo o que estava oculto em meu íntimo em termos de Mistérios foi se abrindo e se desdobrando, enquanto eu chorava compulsivamente, pois havia descoberto por que fora conduzido até a dimensão regida pelo Divino Oxumaré: o Senhor do Arco-Íris Divino!

Através das lágrimas eu via todas aquelas pessoas ajoelhadas e com a testa encostada no solo. Por todo lado que eu olhava, todos estavam ajoelhados e curvados com a testa encostada no solo. Então perguntei:

– Por que, meu pai?

"Porque eu conferi a você uma missão divina que tem como objetivo abrir no plano material humano um conhecimento verdadeiro acerca dos Mistérios Divinos que se manifestam através dos sagrados Orixás, e de todas as práticas ritualísticas e religiosas que meus filhos umbandistas ainda desconhecem!"

– Que seja feita sua vontade, meu Pai!

"Observe, contemple, vivencie, aprenda, internalize tudo o que será útil aos seus irmãos humanos, e depois volte para eles e os instrua como desejam seus regentes planetários e multidimensionais, meu pequeno e amado arco-íris humano!"

– Essa é sua vontade, e esse será o desejo que me moverá de agora em diante, meu Pai e meu Senhor!

"Essa é minha vontade e esse será seu maior desejo, meu filho!"

– Assim falou meu pai, assim será esse seu filho de agora em diante, e até que meu pai manifeste em mim outra de suas vontades divinas, que em mim se manifestam como desejos humanos, muito humanos! Pois aprender corretamente é um desejo de todos os seres humanos!

"Enquanto meu filho realizar essa vontade manifestada por mim, seu pai, amparado pelo Arco-Íris Divino você será."

– Peço sua bênção, meu pai.

"Eu o abençoei quando o gerei, e abençoado você foi, é e sempre será. Transmita isso também aos seus irmãos, que meus filhos são, que todos eles, não importa como me cultuem, foram, são e sempre serão meus abençoados e pequeninos arco-íris humanos!"

– Eu direi, meu Senhor!

"Leve as cores do Arco-Íris Divino a todos aqueles que, por ignorância, optaram por viver na ausência das cores!"

– Mais uma vontade meu Pai manifesta em mim!

"Não, meu filho! Ensinar a quem já sabe não traz mérito a um mestre. Só é digno de louvor, respeito e admiração o mestre que ensina aqueles que ainda nada sabem porque ainda estão na infância de suas vidas humanas!"

– Entendi tudo, meu Pai. Perdoe-me por ainda não saber interpretar corretamente suas vontades divinas! Perdoe-me, meu Pai!

"Não tenho de perdoá-lo por não saber, meu filho. Só precisam ser perdoados os que já sabem e se recusam a transmitir ou a assumir seus graus de mestres-instrutores."

– Não me esquecerei disso, meu pai e meu Senhor!

"Permaneça na paz em que o Arco-Íris Divino deseja vê-lo, meu filho!

E mais meu Pai Oxumaré não me falou e nem era preciso, pois eu havia entendido sua vontade divina, que em mim se manifestara em meio ao público, e justo em uma praça!

Querem maior revelação simbólica e sinalizadora que aquela que ali havia acontecido comigo?

Ele queria me ver trazendo a público, e no meio material humano, um conhecimento verdadeiro sobre as cores vivas do Arco-Íris Divino, que são os sagrados Orixás!

Em um instante todos aqueles desdobramentos se recolheram em meu íntimo, e enxuguei meus olhos, voltando a ver todos. Ainda ajoelhados, falei:

– Que Deus nosso Pai os abençoe, porque os tive como testemunhas vivas de uma de suas vontades divinas que começou a manifestar-se em meu íntimo, e fluirá através de todos os meus sentidos! Que as bênçãos do alto do Altíssimo recaiam sobre todos vocês, e que adicionem mais luz e vida às suas vidas já muito luminosas!

Não sei como, mas do alto desceu um fluxo luminoso e multicolorido que envolveu a todos aqueles irmãos e irmãs, também eles com os olhos cheios de lágrimas. E para coroar de emoção aquela manifestação do Divino Oxumaré, uma daquelas criancinhas veio até mim e falou-me:

– Titio, minha mãe maior mandou-me dizer-lhe que ela o ama muito e tem acompanhado todos os seus passos o tempo todo, e que em momento algum deixou de ampará-lo. E mandou dizer também que ela sabe o quanto é difícil sua missão junto aos seus irmãos humanos. Mas que é para o senhor ser persistente, pois só assim conquistará um lugar no coração deles, e uma morada definitiva nos domínios do Arco-Íris Divino!

– Diga à sua mãe que agradeço por tão gentis palavras, meu filho. Vamos! Vá até ela e diga-lhe isso! – pedi, apontando para a irmã que regia o coro infantil, e que também me observava com o rosto molhado pelas lágrimas que corriam de seus encantadores olhos. Aquela criancinha, então, respondeu-me:

– Titio, aquela lá não é minha mãe maior!

– Quem é ela, meu filho?

– Ela é minha amada mãe pequena.

– Então... quem é sua mãe maior, minha criança encantada?

— Titio, minha mãe maior o senhor a conhece como sua mãe Iemanjá, titio!

— Minha mãe da vida!!!

— Ela mesma, titio. Ela é a mãe maior de todos nós, não é mesmo?

— É sim, meu filho amado. Às vezes esqueço-me dela um pouco, e ela, que nunca se esquece de mim, envia-me suas mensagens maternais através de seus infantes, ainda tão puros e não contaminados por meus defeitos humanos. Que Deus o abençoe, meu filho! Obrigado por ter me lembrado de minha mãe Iemanjá, nossa mãe maior e mãe da vida.

— Sua bênção, titio! – pediu-me aquele infante aquático--cristalino.

— Em nome de Deus eu te abençoo, meu filho!

Aquela criança abraçou-me tão carinhosamente que o recolhi em meus braços e fui com ele, abraçados, até onde estava sua mãe pequena, e disse-lhe:

— Que Deus a abençoe, mãe pequena, mas que traz em si mesma toda a divindade de nossa mãe maior!

— Que abençoado seja sempre, pai pequeno, pois traz em si mesmo toda a divindade do nosso pai maior. Obrigado por conceder-me a honra de ser mais uma das testemunhas vivas de sua missão divina, irmão do arco-íris!

— Eu é que fui honrado com sua presença luminosa, e a de todos esses nossos luminosos irmãos e irmãs. Deus sempre me abençoa com a presença de seus mais luminosos filhos e filhas, que são todos meus irmãos e irmãs!

— Seja bem-vindo a essa morada celestial, irmão do Arco-Íris!

— Obrigado, irmã. Sabe, eu não me recordo da senhora, mas sei que nunca se esqueceu de mim. Portanto, tire essa dúvida de minha mente, por favor!

— Muitos já foram nossos reencontros, irmão amado. E o último foi quando eu me manifestava como uma Cabocla

Estrela Dourada em um centro de Umbanda que o tinha como diretor espiritual.

— Santo Deus!!!

— Satisfeito, irmão amado?

— Sim e não, sabe.

— Ou se fica satisfeito ou não se fica, irmão.

— Bem, não fiquei. Eu gostaria de saber mais sobre a senhora.

— Só sobre mim, irmão?

— Não. Acho que é sobre nós dois.

— Assim é melhor, não?

— É, acho que é, não?

— Você não mudou nada, irmão do Arco-Íris. O tempo passa e você, sempre que o reencontro, continua o mesmo e encantador irmão de meu coração! Que Mistério o encantou com tanta intensidade que nem o Mistério do tempo consegue mudá-lo?

— Eu não mudei nada?

— Não mudou. E aos meus olhos, emocionados por nosso emocionante reencontro, acho que se alguma mudança ocorreu com você, com certeza foi para melhor!

— Puxa, como a senhora é generosa comigo! Eu gostaria de dar-lhe um abraço. Posso?

— É claro que pode. Mas, por favor, não me abrace agora que estamos tão expostos! — pediu-me ela, enquanto de seus olhos lágrimas transbordavam.

— Por que, irmã, chora lágrimas tão cintilantes?

— Se abraçá-lo agora, não controlarei meus sentimentos e acabarei fazendo em público tudo o que só devemos fazer no íntimo de nosso lar.

— Entendo. Sinto muito se não tenho um lar para convidá-la a conhecê-lo, pois sou um caminhante!

— Todos os Guardiões dos Mistérios Celestiais são eternos caminhantes, irmão. Mas todos cultivam lares aconchegantes que os acolhem nos momentos em que desejam repousar seus corpos energéticos e despertar seus mais íntimos e adormecidos sentimentos.

— Devo entender isso como uma declaração de amizade, irmã?

— Eu gostaria que entendesse isso como uma ampla declaração de amor, irmão de meu coração.

— Acho que assim é melhor, não?

— Tenho certeza de que é, irmão amado, e tão rugidio. Você é como as estrelas: ilumina minhas noites e desaparece de minhas vistas durante meus dias!

— Acho que não desapareço, irmã. Apenas me recolho para que sóis resplandecentes a inundem com suas irradiações de fé, amor e vida. Mas é só isso, sabe?

— Irmão, nós, todos nós, somos um pouco possessivos e Deus, que sabe como somos, então criou os sóis e as estrelas. Eles iluminam com suas luzes esplendorosas a vida de muitos ao mesmo tempo. Mas nossas estrelas, estas por serem nossas e de mais ninguém, iluminam nossos mais íntimos e irreveláveis desejos.

— É, acho que em nossas noites sempre temos nossas estrelas a encantarem nossos olhos.

— É verdade. Na luz abrasadora dos sóis, revelamos nossas expectativas. Mas na luz cintilante das estrelas, e só para elas, revelamos nossos sentimentos e abrimos nossos íntimos, não é mesmo?

— É, sim. Diante dos sóis, algo em nosso íntimo nos mostra como seres aptos às plenitudes da vida. Mas só quando estamos iluminados pelas estrelas nos mostramos plenos de vida.

Acho que continuaríamos com aquele dialogo cifrado por séculos se aquele infante não tivesse falado:

— Titio, por que o senhor não diz logo à minha mãe pequena que gosta dela?

— Eu... filho... você não sabe ficar calado quando os mais velhos estão conversando?

— Eu só falei a verdade, não foi, titio?

— Esta certo, você falou sim. Agora acho melhor que você vá brincar com seus irmãozinhos.

— Titio, o senhor dá uma cobra igual a essa sua para mim?

— Você ainda é muito pequeno para andar com uma serpente do Arco-Íris, meu filho.

— Ela gosta de mim, titio!

— Acho que você se parece com aquelas criancinhas que baixam nos médiuns na corrente das Crianças, sabe?

— Sei sim, titio. Eu já incorporei em um médium!

— Já?!

— Sim, senhor. Era quando a mamãe tinha um para trabalhar nos centros de Umbanda. Ela sempre me deixava incorporar e conversar com meus irmãozinhos encarnados, e comer docinhos!

— Você já fez tudo isso, meu filho?

— Já, titio. O senhor dá uma igual a essa para mim?

— Criança, se você for igual aos que baixam nos centros, acho que estou encrencado.

— Por que, titio?

— Aqueles, quando queriam alguma coisa, nós tínhamos de tratar de arranjar logo, sabe?

— O senhor vai me dar uma? Vai, não vai?

— Criança... eu não sei como...

E mais não falei porque, não sei como, uma pequena serpente do Arco-Íris, vinda não sei de onde, subiu por minha perna e logo se aninhava ao redor do corpinho rosado daquele infante aquático-cristalino, que sorriu feliz por ter ganhado uma igual à minha. Mas ainda me cobrou:

— Agora só faltam os docinhos, titio!

— Depois, está bem, minha criança do Arco-Íris?

— Sim senhor, titio. Dê-me sua bênção para eu poder ir mostrar meu presente aos meus irmãozinhos!

– Que o senhor do Arco-Íris Divino o abençoe, meu filho! – assim que o abençoei, de meus olhos saíram dois feixes multicoloridos que penetraram em seus brilhantes olhinhos, e o inundaram de uma essência muito especial, pois ele me falou:

– Titio, quando eu crescer vou ser igual ao senhor!

– Quem lhe disse isso, minha criança?

– Foi meu pai maior quem me falou!

– Quem é seu pai maior?

– Meu pai maior é o Senhor do Arco-Íris, que o senhor conhece como o Orixá Oxumaré, titio.

– É, acho que você será mesmo. Agora vá brincar com seus irmãozinhos... senão daqui a pouco você me adotará como seu pai pequeno.

– Eu já adotei, titio. Só estou esperando o senhor me adotar como mais um de seus filhos.

– Você ainda não tem um pai pequeno?

– Ainda não, titio. Mas tenho meu vovô amado, sabe?

– Quem é seu vovô amado? Eu o conheço?

– O senhor conhece sim.

– Como ele se chama, meu filho?

– O nome dele é Ogum Beira-Mar, titio.

Ao ouvir aquele nome, mais uma vez meus olhos se encheram de lágrimas, e beijei as faces rosadas daquela criança. Depois lhe perguntei:

– Você me aceita como seu pai pequeno, meu filho?

– Aceito sim, papai. Agora eu também tenho um pai pequeno todo meu! Vou contar para os meus irmãozinhos!

– Vá, minha criança do Arco-Íris Divino. Vá e diga a todas as crianças que você também tem um pai pequeno que o ama e o protegerá sempre!

Aquele infante aquático-cristalino soltou-se de meus braços e correu para junto de seus irmãozinhos, todo feliz. Voltei meus olhos para aquela irmã que conversava comigo e perguntei?

— Como isso é possível?

— Isso o que, irmão encantador?

— Viu como apareceu uma pequena serpente encantada do Arco-Íris?

— O que há de tão espantoso?

— Isso não a deixa admirada?

—É claro que não. O Divino Oxumaré nos vê através de seus olhos e encantou para ele aquele nosso filhinho encantado. E tenho certeza de que no futuro esse nosso filho do Arco-Íris nos encantará e nos inundará de alegria.

— Nossa! As coisas, por aqui, acontecem muito depressa, sabe.

— Nem sempre. Mas quando acontecem nos encantam, não?

Olhei aquela irmã por um instante e confirmei:

— Encantam, sim. Como nos encantam!

— Então por que não cumprimenta todos os seus irmãos e irmãs que também foram encantados por você e sua missão divina... para depois ir conosco à minha morada, que, se aceitar, será sua também?

— Já aceitei. Só estava esperando seu convite.

— Eu já o havia convidado, e só estava esperando você aceitar. Agora dê um pouco de sua atenção aos seus irmãos e irmãs, senão...

Bem, acho que eu havia sido aceito pelos habitantes daquela morada celestial, pois fui abraçado e abençoado por centenas, talvez milhares deles!

Recebi mil convites diferentes para visitá-los e conhecê-los. E ainda bem que aquela irmã Estrela Dourada já havia me adotado, pois várias e encantadoras encantadas do Arco-Íris me davam demorados abraços ao me cumprimentar, e só me soltavam após me dizer mil vezes, ou mais, que me amavam muito... E de darem mil beijos em minhas faces. Rapidamente me recolhi à minha vibração superior senão, acreditem-me, aceitaria aqueles insinuantes lábios que quase se encostavam nos meus, fecharia os olhos, mergulharia em seus encantos e esqueceria de tudo mais à minha volta.

Os últimos a me abraçar foram meus sete discípulos do Arco-Íris, que, emocionados, me disseram:

– O senhor não imagina como nos sentimos felizes em poder acompanhá-lo nessa sua missão divina, pai pequeno, mestre e Guardião Celestial dos Mistérios do Arco-Íris Divino!

– Tendo irmãos tão dedicados me auxiliando, tenho certeza de que tudo será mais fácil.

A irmã Estrela Dourada perguntou a eles:

– Vocês têm uma mãe pequena nos domínios de nossa mãe da Vida, a divina Iemanjá?

– Não, senhora.

– Vocês gostariam de adotar-me como vossa mãe pequena nos domínios dela?

A emoção deles transbordou, e ajoelhados diante dela aceitaram e foram abençoados por aquela já mãe deles nos domínios da divina Iemanjá.

Eu observava tudo já com outros olhos, pois, se ali não era como no plano material, onde um casal se une e gera seus próprios filhos, no entanto as afinidades iam surgindo, e os mais evoluídos iam adotando os menos evoluídos, e os amavam como filhos com tanta intensidade que encantavam meus olhos e sentimentos mais íntimos.

Onde eu me encontrava não se discutia Deus ou as divindades, que são suas manifestações divinas. Não existiam católicos, judeus, islâmicos, umbandistas, espíritas, evangélicos, etc.

Não. Lá existem os regentes planetários que conhecemos como nossos Orixás, mas que eles os indicam por nomes mantrânicos, pois são manifestações do divino criador que se lhes chegam o tempo todo, e durante todo o tempo.

La não existem santos, profetas ou ungidos, pois as Divindades reinam absolutas e soberanas.

Lá existem Guardiões dos Mistérios, que são os seres por onde eles fluem e se manifestam na vida de seus afins, os quais passam a ser novos manifestadores deles, que são as manifestações do divino criador em nossas vidas.

Isso eu vi acontecer com uma criança, um meu irmão mais novo, um infante aquático-cristalino, quando o Divino Oxumaré, através de mim, se manifestou e o tornou mais um dos seus encantados do Arco-Íris Divino.

Também vi quando a Cabocla Estrela Dourada abençoava seus novos filhos, como sua estrela os envolveu por completo e os encantou e os distinguiu com pequenas estrelas, que cresceriam em luminosidade e irradiação à medida que eles crescessem, "internamente", na irradiação do Mistério Estrela Dourada, que é um Mistério da linha da Geração.

Naquelas trocas contínuas entre eles, toda uma evolução segue adiante, e sem quebra de continuidade, pois o adormecimento da memória imortal não acontece.

Vi também irmãos e irmãs com aparências de anciões que, ao me abraçarem, remoçarem e rejuvenescerem, pois a nova missão divina os revigorava e reenergizava, já que o alto do Altíssimo os havia ligado a mim, um Guardião Celestial dos Mistérios do Arco-Íris Divino.

Vi casais um tanto apáticos ser revigorados ao se abraçar, pois em uma troca energética absorviam, dos Mistérios que fluíam através de mim, as energias que os inundava e despertava neles o desejo de manifestarem aquela vontade divina do Divino Oxumaré, o senhor do Arco-Íris Divino.

Eu, ao abraçá-los, os inundava com tantas energias irradiadas pelos Mistérios do Arco-Íris que lhes imprimia um novo ânimo e um novo objetivo em suas vidas. E não que já não tivessem outros!

Porém, por terem sido agraciados com uma nova missão, sentiam-se tão felizes que suas vidas passaram por um salto qualitativo muito desejado, pois dali em diante acrescentariam mais aquela missão às muitas outras que já desempenhavam com fé, amor e confiança. E, não tenham dúvidas, dali em diante, mesmo que já desempenhassem mil outras missões, a todas elas acrescentariam mais aquela, que fluíam através dos Mistérios divinos que se manifestavam através deles, de suas vidas e de seus Mistérios individuais.

Ainda que seja difícil entenderem o que estou lhes transmitindo, saibam que vi aquele pequeno infante aquático-cristalino assumir a liderança de quase uma centena de outros infantes, e trazê-los a mim para que também os abençoasse com as bênçãos do Arco-Íris Divino. E fui agraciado com tantos abraços infantis cheios de amor e ternura que me abraçavam e me diziam: Titio, eu o amo! De meus olhos corriam rios de lágrimas de alegria. E vendo neles uma expectativa de poderem ter um pai Guardião Celestial dos Mistérios do Arco-Íris Divino, comovi-me tanto com tamanha dádiva divina que também os assumi como meus filhos do Arco-Íris.

A alegria que irradiaram foi tanta que senti a presença invisível de divino Ia-or-me-ri-iin-de-ne-yê, o Senhor Oxumaré, envolvê-los a todos em geral e a cada um em particular, cobrindo seus róseos corpinhos com uma veste que continha todas as cores do Arco-Íris Divino. E, daí em diante, não importariam onde eu viesse a estar, sempre me veriam e me olhariam como o pai pequeno de todos eles, e me enviariam suas vibrações de amor filial que fortaleceriam meu ser imortal.

Em tão pouco tempo eu já havia aprendido tanto sobre a forma de atuação dos sagrados regentes planetários, e de modo tão natural, que nada mais me faria duvidar de suas divinas existências, pois se não eram como antes eu os imaginava como os havia aprendido, no entanto, a partir dali, os entendia como as divinas manifestações de meu divino criador.

Todas as minhas concepções acerca dos sagrados Orixás estavam passando por um salto qualitativo muito grande.

Minha amada mãe Iemanjá, sem deixar de ser a sereia encantada, a rainha do mar, a senhora dos navegantes, etc., no entanto assumia com intensidade sua verdadeira natureza divina: eu já a "via" como a divina mãe da Vida!

E minha mente, voltando às lendas dos Orixás, a encontrava como a verdadeira mãe de todos os outros Orixás, pois se Orixá é Vida, e ela é a mãe da Vida, então é a mãe de todos eles.

Mas ainda tinha dificuldades em interpretar integralmente o Divino Oxumaré. Parte das lendas que o sincretizavam com o arco-íris e com a serpente encantada já estava explicada, assim como sua suposta androgenia, pois ele tanto atuava no elemento macho quanto fêmea, mas muitas dúvidas ainda me incomodavam. Optei por aquietá-las em meu íntimo e aguardar, pois certamente meu conhecimento deficiente logo seria esclarecido.

Acho que aqueles irmãos e irmãs, vendo que eu tinha a necessidade de ficar a sós com a Cabocla Estrela Dourada, convidaram todas as criancinhas para irem conhecer suas novas moradas, e nos deixaram sozinhos.

Não vendo mais ninguém à nossa volta, meio sem jeito, falei:

– Acho que só ficamos nós dois, não?

– Ficamos sim.

– Puxa, eu tinha tantas coisas para lhe perguntar, mas de repente não me ocorre nenhuma!

– Comigo está acontecendo a mesma coisa.

– Acho que lhe passei uma imagem falsa, irmã. Não sou tão eloquente, sabe?

– Eu sei.

– Sou muito tímido, sabe.

– Sei sim.

– Acho que sempre fui assim.

– Tenho certeza de que você sempre foi assim.

– Aceita passear um pouco por esse lugar tão lindo?

– Aceito. Venho tão pouco aqui que mal conheço essa morada celestial dos filhos do Arco-Íris.
– Só que há um problema.
– Qual?
– Eu não conheço nada por aqui, sabe?
– Eu sei. Mas isso tem importância, se vamos passear?
– Acho que não, não é mesmo? Só não podemos nos perder, senão nunca voltaremos aqui outra vez.
– Algum habitante dessa morada nos ensinará como voltar aqui.
– É, acho que ensinará sim. Vamos?
– Dê-me sua mão, por favor.
– Por quê?
– Estou tão emocionada que, se não me apoiar em você, não poderei andar. E se der dois passos, acho que cairei.
– Bom, estou acostumado a caminhar, pois sou um andarilho e a sustentarei. Mas também estou muito emocionado... e trêmulo.
– Por que isso nos acontece, se desejávamos tanto ficar a sós para podermos externar à vontade nossos mais íntimos sentimentos?
– Eu pensava que isso só acontecia na Terra.
– Acho que nada muda, não é mesmo?
– Algumas coisas mudam.
– Quais?
– A vontade que sinto de abraçá-la e senti-la bem junto do meu coração está maior, agora que estamos a sós.
– Por que não realiza essa sua vontade?
– Posso?
– Você deve, meu amor encantado.
– Só não posso me responsabilizar pelo que vier a acontecer depois que abraçá-la.
– Eu assumo todas as consequências que advirem.
– Então está bem.

Nós nos abraçamos tão forte que quase nos fundimos em um só ser... e começamos a chorar, chorar e chorar. E não fazíamos outra coisa senão chorar, tanta era a emoção do reencontro.

Acho que choramos durante várias décadas, e nada mais faríamos além de chorar se um ancião apoiado em um cajado, e caminhando muito devagar, não tivesse se aproximado e nos tirado daquele estado, ao nos dizer:

– Não sei por quê, mas não aprecio ver alguém chorando, sabem? Logo começo a vibrar um desejo imenso de consolá-los!

Como não conseguíamos dizer nada, ele nos tomou pelas mãos, separou-nos e, passando seus braços por baixo dos nossos, falou:

– Vamos passear um pouco para que, caminhando, descarreguem seus emocionais sobrecarregados pela alegria do reencontro.

Nós assentimos com a cabeça em sinal de aprovação, e ele, com seus passos lentos e pesados, impôs o ritmo da caminhada.

Ele falava pausadamente, mas não parou de falar em momento algum. Falava das árvores frondosas e floridas, dos jardins multicoloridos, das construções milenares. Enfim, falava de tudo, e tudo conduzia à necessidade da união para a renovação dos sentimentos, comunhão das vibrações e elevação das irradiações e fertilização da vida.

Acho que ele caminhou conosco por muitos milênios até que chegamos a um lugar daquele vale encantado que era quase um bosque. Atrás de nós haviam ficado as construções, e depois do bosque elas recomeçavam. Ele parou, olhou demoradamente e nos perguntou:

– Vocês não acham que falta algo nesse bosque?

– Não sei, pai ancião, mas eu o acho muito lindo, sabe? – respondi.

– E eu o acho encantador demais para poder lhe dizer se falta algo a ele, pai ancião – falou Estrela Dourada.

– Vocês ainda são muito novos e lhes falta a noção divina das coisas. Por isso não conseguem ver o que falta a esse bosque, que realmente é muito lindo! Acho que eu nunca tinha reparado nele com atenção.

– É lindo sim, pai ancião. Mas o que falta a ele?

– Vida, filho amado. Ele possui muita beleza, mas falta-lhe vida. Olhem para trás e verão muitas moradas, ajardinadas e ocupadas por filhos que desfrutam da beleza e do conforto de suas aconchegantes moradas. Olhem além desse bosque e a mesma coisa verão. Mas nele só verão a beleza e nada mais.

– Ele serve aos desígnios maiores, pai ancião. Com certeza o regente divino que criou toda essa morada celestial achou por bem deixar esse bosque aqui para enfeitar a vida dos que aqui vivem.

– Não. Acho que ele só o deixou porque não tinha ninguém apropriado para habitá-lo! Acho que ele reservou esse bosque para alguém que trouxesse vida, muita vida. E de tantas que renovaria essa parte dessa morada celestial – falou o pai ancião.

Estrela Dourada perguntou:

– Pai ancião, então o Divino Oxumaré reservou esse bosque para si mesmo, pois ele é o próprio símbolo vivo da renovação, não?

– Filha amada, por acaso me renovo em mim mesmo?

– Não sei, pai ancião – respondeu ela.

– Filho, responda você: eu me renovo em mim mesmo?

– Não, senhor. Se entendi corretamente, tudo o que vi acontecer um pouco antes de o senhor chegar só se renovará em outro ser.

– Por que, filho Guardião?

– Em si mesmo o senhor já é pleno e realizado. Portanto, só se renovará, perpetuando-se, através de seus filhos, netos, bisnetos, etc.

– Exato. Na hereditariedade o velho, o ancião, o ancestral se renova e se perpetua no tempo e vai ocupando outros espaços, que criarão condições para que, ao seu tempo e lugar, também seus filhos se renovem e se perpetuem no tempo.

– Olhem esse bosque! Ele é lindo, mas não se renovou, pois em si mesmo já é pleno. E se não lhe adicionarmos um meio de renovar-se, nunca deixará de ser o que é! Um lindo bosque!

– Mas, se lhe acrescentar vidas, aí ele se renovará e se perpetuará na memória viva de quantos vierem a usufruir dessa beleza ímpar. Ele vivera e fará parte da vida dos que vierem usufruir de sua beleza, e na memória de seus renovadores ele se perpetuará. O que vocês acham que poderíamos fazer para perpetuarmos esse bosque, meus filhos?

– Não me ocorre nada que possa acrescentar-lhe, pai ancião. Ele já é pleno em si e encanta a todos que o contemplam – respondi.

– E você, filha? O que acha que poderíamos fazer por esse bosque para perpetuá-lo?

Ela olhou o bosque, depois me olhou e aí pediu:

– Pai ancião, já faz muito tempo que não desfruto dos carinhos de um pai. Posso aconchegar-me junto ao senhor e desfrutar de seus carinhos, ternura e amor paterno?

– Você quer me dar esse prazer único, minha filha?

– Sim, meu pai. Mas também quero vivenciá-lo.

– Deixe-me ver... é, acho que dali teremos uma visão total desse bosque! – falou nosso pai ancião, que a seguir estendeu sua mão direita na direção do lugar, e fez surgir um confortável banco, onde nos sentamos, ladeando-o. Estrela Dourada, mais que depressa, aconchegou-se toda junto do corpo dele e recostou seu rosto em seu ombro. Depois pegou a mão direita dele e a levou aos lábios, beijando-a com ternura, e falou:

– Só um verdadeiro pai consegue nos proporcionar um momento tão gostoso como o que vivencio junto ao senhor.

– Filha amada, obrigado por proporcionar-me esse momento tão prazeroso. Divino mesmo!

– Pai, eu o amo muito. Perpetue em mim todo esse amor vivo que o senhor irradia.

– Já perpetuei-me, filha de meu coração.

– Então converse um pouco com seu filho amado e permita que esse momento divino seja desfrutado por nós dois por mais algum tempo, está bem?

– Você acha que eu deixaria de proporcionar-lhe essa satisfação que tanto bem me faz?

– Eu o amo, papai! – exclamou ela, quase em um sussurro, beijando-lhe a face com tanto amor e ternura que o levou às lágrimas. E elas rolaram por suas faces, caíam sobre sua veste semelhante à seda e corriam ate caírem logo adiante de seus pés calçados com sandálias que cintilavam mil cores.

Sim, senhor, só então notei esse detalhe naquele pai ancião.

E o mais maravilhoso do amor que naquele momento eles vivenciavam é que elas foram se juntando e formando um aglomerado de lágrimas multicoloridas. E não demorou muito para Estrela Dourada também começar a derramar suas lágrimas, que caíam no peito dele, mas não corriam sobre aquela veste sedosa.

Não, elas eram absorvidas pela veste e desapareciam.

Como, de vez em quando, ela o beijava e dizia: Papai, eu o amo muito!, e ele lhe respondia: Esse seu amor é uma das razões de minha vida, minha filha amada!, resolvi deixá-los um pouco a sós e fui caminhar pelo bosque.

Nós estávamos, digamos, na cabeceira daquele bosque, e dava para ver as construções que o margeavam por todos os lados.

– Vou ver como é aquela construção que só mostra seu tédio! – exclamei para mim mesmo.

Sei que ali foi o início da visualização de um Mistério Divino, pois assim que comecei a caminhar por entre as frondosas árvores, logo me deparei com um riacho de águas tão cristalinas que cintilavam.

– Estranho! – exclamei. – Lá de cima não vi esse riacho ou sinal de que aqui nesse minúsculo bosque houvesse um! Se água corre para lá, então sua nascente deve estar logo ali, certo? Pois vou vê-la.

Acho que caminhei por mais de um século, sempre vendo novas paisagens, lagoas formadas pelo córrego, cachoeiras, imensos pomares às suas margens, menos sua nascente!

– Santo Deus! O tempo que estou caminhando já daria para ter percorrido toda a extensão do vale que minha vista alcançou, e no entanto ainda não são do bosque!

Meu Divino Criador! Estou dentro de um Mistério da Criação! Acho que posso continuar caminhando por toda a eternidade que nunca alcançarei a nascente desse riacho!

Então resolvi mudar de direção e caminhei mais algumas décadas por entre árvores de tudo quanto é espécie que possa existir, pois vi tantas, e desconhecidas!

Às vezes chegava a algum lugar que se parecia com prados tão floridos que até embaralhavam minha vista.

Encontrei novos riachos, muitas fontes naturais e, para espanto meu, um caudaloso rio que às vezes corria tão manso que dava a impressão de que eu poderia caminhar sobre suas águas. Mas em determinados pontos descia por inclinações, formando corredeiras tonitruantes. E logo adiante surgia uma imensa e encantadora cachoeira.

Acho que caminhei vários milênios, seguindo o curso daquele rio caudaloso. Deliciei-me com a visão de tantas cachoeiras, perdendo a conta do número delas.

Já ia mudar de rumo quando senti que o estuário dele estava próximo. Apertei o passo, quase correndo, pois meu coração pedia que me apressasse.

E alguns anos depois vi o espetáculo dos espetáculos: o rio abria-se como um leque, e ficava raso, para, a uns 200 metros adiante, e por entre pedras, cair para um nível inferior, formando sete cachoeiras. E porque as pedras tinham cores diferentes, de cada vão caíam águas coloridas.

Cada queda tinha sua cor, que a destacava de todas as outras. Contei cada uma e vi que formavam um arco-íris celestial com suas 77 cores!

A imensa queda formava uma gigantesca curva, assumindo a forma de um arco-íris. E de baixo surgia um outro arco-íris, que encimava todo aquele espetáculo divino.

Quanto às águas que caíam, formavam um vasto, vastíssimo lago!

Segui pela margem dele, com a mente trabalhando a uma velocidade altíssima. Mil pensamentos me ocorriam.

Então cheguei ao tão esperado fim de minha caminhada: o lago se abria em um delta, e despejava as águas daquele rio em um oceano!

– Santíssimo Criador!!! Meu Divino Criador!!! Corpo vivo da natureza!!! Meu Deus! Por que extasia assim os olhos desse seu humilde filho? O que fiz para merecer conhecer seu Mistério da natureza divina? Por que, meu Pai? – perguntei, já aos prantos.

"Porque você é meu pequeno arco-íris que enviei à carne para que transmita aos seus irmãos, que também são meus filhos, que o Mistério dos Mistérios sou eu, seu Divino Criador! E todo aquele seu irmão que crer nos Mistérios Divinos que você cantará em versos e prosa, internalizá-los e irradiá-los, já começará a vivenciar na carne esse encanto e beleza que extasia seus olhos e sublima seus sentidos, filho meu!"

– Mas por que logo eu, meu Pai?

"Porque você é...", e a resposta repetiu-se.

– Pai amado, eu...

"Porque você é meu filho, e através de você me perpetuo nas mentes e nos corações de meus filhos. E todos aqueles que crescem nos Mistérios que você cantar em verso e prosa estarão me perpetuando em sua fé, pois eu sou o Mistério dos Mistérios, e estou em tudo e em todos, que são meus Mistérios!"

– Pai amado, sou só um, meu Pai! Serei uma voz dissonante em um meio onde todos o cercam em um Mistério impenetrável, e que deve ser guardado nas alturas inalcançáveis ou trancado no interior dos templos!

"Mesmo que eles procedam assim, ainda assim vivo no íntimo de todos os que em mim creem, não?"

– O senhor vive, meu Pai! O senhor é o Mistério dos Mistérios! É a vida da vida! É o amor do amor! É a fé da fé! E...

"Eu sou você também, meu filho! Creia nisso por um só instante de sua vida, e irradiará com tanta força, beleza e esplendor os encantos do Arco-Íris Divino, que são seus sagrados Orixás, os quais são minhas múltiplas manifestações, que você perpetuará no coração de todos que o ouvirem, e acreditarem em você, os encantos de meus Mistérios Divinos!"

– Eu creio, meu Pai!

"Então assim será, meu filho! Eu só existo no coração dos que em mim creem! Você só existirá se crer no que cantará em versos e prosa aos seus irmãos! Assim tem sido, e assim sempre será!"

– Que assim seja para todo o sempre! Que só o vejam aqueles que em ti crerem! Que só manifestem seus Mistérios aqueles que neles crerem!

E mais não falei ou me foi dito.

Continuei ajoelhado e chorando compulsivamente por séculos e séculos! E continuaria a chorar por toda a eternidade se um coro celestial, vindo não sei de onde, não começasse a cantar um dos cantos que mais me encantavam. Seu título?

"As Sete Linhas de Umbanda"!

Aquietei meu choro, enxuguei minhas lágrimas e também comecei a cantar aquele canto de Umbanda Sagrada! E aos poucos, à minha voz humana que acompanhava aquele invisível coro celestial foram se juntando mais e mais vozes humanas. Eram tantas que chegavam aos milhões de vozes humanas cantando junto com aquele coro divino!

E diante de meus olhos iam passando rostos e mais rostos, todos voltados para altares de tendas de Umbanda, que também iam passando diante de meus olhos.

Eu via milhares de tendas de Umbanda, todas repletas de irmãs e irmãos vestidos de branco, e todos cantando as Sete Linhas de Umbanda. E de repente, por trás de todos aqueles altares sagrados idealizados por mentes e corações humanos, começou a formar-se um altar celestial, divino mesmo, que era tão grande que na mente dele ficavam todos os altares das tendas de Umbanda erigidos na terra.

E aquele altar divino sustentava com suas irradiações todos os altares erigidos em nome dos sagrados Orixás!

Mentalmente fui vendo velhos babalaôs ser substituídos por outros mais jovens, fui vendo aquele panteão divino deixar de ser como o descreviam as lendas africanas, e ir se metamorfoseando em um colossal, divino mesmo, arco-íris.

Onde antes havia divindades humanas, irradiações multicoloridas vindas do infinito chegavam até ali, e dali irradiavam um cordão de sete cores que alcançava os altares de cada uma daquelas tendas. E a ponta de cada um daqueles cordões abria-se em um delta multicolorido com outros sete cordões derivados, e na ponta dos quais via os Orixás humanizados, todos irradiando sobre os umbandistas postados de frente para os altares, que continuavam cantando as Sete Linhas de Umbanda.

O Arco-Íris Divino, à medida que descia, ia se multiplicando, e ao chegar aos altares irradiava-se sobre os médiuns, que absorviam aquele fluxo multicolorido e também eles o irradiavam, alcançando pessoas que trabalhavam, passeavam, dormiam, choravam, sofriam, clamavam e sorriam, e pouco a pouco iam assumindo o lugar daqueles médiuns, que haviam envelhecido e iam ascendendo e se assentando ao lado dos Orixás, que os haviam sustentado no plano material e continuavam a sustentá-los no espiritual.

E à medida que os médiuns diante dos altares iam sendo substituídos por outros mais jovens, ia crescendo o número dos que iam, já em espírito, se assentando ao lado dos Orixás, e iam subindo para que o nível que ocupavam fosse ocupado pelos que continuamente passavam do lado material para o espiritual.

Era uma pirâmide que ia crescendo continuamente, até que seu vértice alcançou a ponta do arco-íris. E aí os principais médiuns a se assentarem ao lado dos Orixás foram seguindo para a direita ou a esquerda. E todos, em um só nível e de mãos dadas, formavam um cordão horizontal que, de tão comprido, ultrapassou meu limite visual.

Mas, em dado momento, vi as duas pontas daquele cordão humano, ambas ocupadas por irmãos meus, chegarem até ali onde eu estava, e um de cada lado me darem suas mãos, e sem deixarem de cantar as Sete Linhas da Umbanda, me sorrirem e me convidarem a seguir adiante, pois, se ficássemos parados, toda aquela imensa corrente humana estacionaria.

Avançamos um passo, e quando olhei para trás, outros três irmãos, também de mãos dadas, me sorriram e, sem deixar de cantar as sete linhas da Umbanda, me saudaram e disseram: "Eu vim ocupar seu lugar, meu pai. Siga adiante e descortine nossos horizontes dos sagrados Orixás para que possamos caminhar até aí onde o senhor está, pai amado!".

Eu avancei mais alguns passos, e quando tornei a olhar para trás, aqueles três irmãos já haviam envelhecido um pouco e cedido suas posições anteriores aos seus filhos, bem mais jovens.

Então os três atrás de mim me saudaram e pediram: "Pai amado, avance mais um pouco e descortine novos horizontes, pois os que ocupamos, nossos filhos já estão prontos para ocupá-los".

E à medida que eu avançava e olhava para trás, via meus filhos, netos, bisnetos, tataranetos, etc., todos cantando as Sete Linhas da Umbanda.

Aquilo, aquele êxtase, durou muitos milênios. E quando eu, já envelhecido no tempo, mal conseguia mudar meus passos, eis que vi aquele meu pequeno filho encantado pelo Divino Oxumaré.

Eu parei e fiquei contemplando sua corrida célere em minha direção. Ao longe eu ouvia sua voz infantil gritar-me: "Papai, eu o amo!".

De meus olhos começaram a correr lágrimas de alegria, pois se eu era já um ancião do Arco-Íris Divino, ele era minha renovação. E à medida que corria para mim, tropeçava, caía, levantava-se e me dizia: "Papai, eu o amo!".

Eu lhe enviava minhas irradiações de fé, amor e vontade de perpetuar-me nele, que estava crescendo, e passando por todas as dificuldades pelas quais passam os que só crescem se avançarem sempre.

E vi meu filho, em sua caminhada para mim, cair em buracos e momentaneamente desaparecer de minhas vistas. Eu lhe enviava mais e mais irradiações, e logo ele, movido por uma força muito grande, agarrando-se às encostas, alcançava a planície à minha frente. E eu já o via mais forte e mais crescido! E lhe sorria e infundia a vontade de vir até mim, pois eu já havia envelhecido e não podia caminhar mais.

Ele, ainda distante, gritava: "Papai, eu o amo!".

– Também o amo, meu filho! Venha para junto de mim para que eu me renove em você!

Ele iniciava nova corrida e, apesar dos obstáculos que ia encontrando, superava-os e continuava a avançar em minha direção.

Mas como foi angustiante acompanhar aquela jornada de meu filho amado!

Às vezes os obstáculos eram tão grandes, intransponíveis mesmo, que ele tinha de retroceder e, com lágrimas nos olhos, tinha de encontrar um caminho que lhe permitisse continuar sua jornada em minha direção. E nesses momentos, aos prantos, ele gritava para mim: "Papai, eu o amo, pai amado! Por que é tão difícil chegar até aí onde o senhor está?".

– Filho amado! Respire fundo, fixe sua mente em mim que lhe envio minhas irradiações celestiais, que o fortalecerão e o ajudarão até alcançar uma nova planície, já sem esses obstáculos!

Ele parava de chorar, levantava-se e retomava sua caminhada, já mais amadurecido. Já olhava onde pisava para não ferir seus pés descalços ou arranhar seu corpo nos espinheiros, e seguia em frente.

Às vezes ele olhava tanto por onde pisava que se desviava da direção que eu estava. Então eu lhe gritava: "Filho! Meu filho amado! Olhe para cá, pois é para cá que você deve se dirigir!

Como foi difícil guiá-lo até que finalmente alcançou a vasta planície à minha frente, já sem muitos obstáculos ou depressões que o tirassem de meu campo visual.

Mas a planície era tão linda e cheia de encantos que às vezes ele parava e ficava contemplando-as, ao invés de vir até mim, seu pai, que só me renovaria nele, meu filho amado!

E aí o chamava seguidas vezes, até que saía de suas abstrações e seguia mais um pouco em minha direção.

Quando finalmente chegou tão perto que pude ver como havia crescido e amadurecido, meus olhos choraram silenciosamente minha alegria de pai, pois eu me via em meu filho amado, que se ajoelhou à minha frente e falou:

– Pai amado, desculpe-me por ter demorado tanto em alcançá-lo!

– Não se desculpe, meu filho. Eu o guiei o tempo todo e sei como foi difícil para você chegar até mim, seu pai. Venha, dê-me um abraço forte, meu filho! Deixe-me sentir seu vigor enquanto o inundo com meu saber!

– Pai, eu o amo, meu Pai! – falou ele, já aos prantos enquanto se aproximava de mim, seu amado pai.

– Filho, você não imagina como eu, seu pai, o amo!

E nos abraçamos, e nos amamos como só um pai e um filho conseguem se amar: abraçando-se forte e se olhando com respeito e admiração!

Mas em dado momento comecei a chorar compulsivamente e o envolvi com todo o meu amor e vontade de viver nele por todo o sempre.

E continuaria a chorar se duas mãozinhas infantis não tivessem começado a acariciar minhas faces, e uma voz doce e cheia de ternura não tivesse me dito: "Papai, não chore mais, eu o amo!".

– Meu querido filho! – exclamei, já despertando do êxtase. – O que você faz aqui? Por que não está com sua mãe ou seus irmãozinhos?

– Desculpe-me, papai! Pensei que o senhor queria me ver, e vim correndo para seus braços. Desculpe-me se o fiz chorar tanto. Mas o senhor estava tão longe! O senhor não me quer mais junto de si?

– Por Deus, meu filho amado! Nunca antes desejei tanto um filho e necessitei tê-lo em meus braços para poder senti-lo e amá-lo, obrigado por ter vindo para mim, meu filho amado! Eu o chamei porque o amo, meu filho!

– E eu respondi ao seu chamado porque também o amo, meu pai!

– Meu filho, você já tem um vovô aqui nos domínios de nosso amado regente Oxumaré?

– Ainda não, papai.

– Você quer conhecer um pai desse seu pai?

– Ele é seu pai?

– É sim, meu filho.

– Quero sim, papai. Acho que já amo meu novo vovô!

– É claro que você o ama! Segure-se em meu pescoço, pois vamos volitar até onde ele e sua mamãe estão.

Ele se apertou contra meu peito e, agarradinho em meu pescoço, falou-me:

— Eu o amo muito, papai! O senhor não imagina como sou feliz em tê-lo como meu pai, e sentir-me amparado e protegido por seus braços fortes. Quando eu crescer, vou ser igual ao senhor!

— Será sim, meu filho amado. Vamos?

— O senhor é meu pai. O senhor me conduz. E para onde o senhor for, eu também irei!

Volitei e no instante seguinte surgíamos diante do pai ancião, que continuava abraçado à sua filha amada. Eles estavam em silêncio, mas de seus olhos corriam tantas lágrimas que um filete descia pela veste sedosa dele. Fiquei em dúvida se devia interromper aquele êxtase, mas meu filhinho soltou-se de meus braços, subiu no colo deles e acariciou suas faces. Depois começou a beijá-los e a dizer:

— Mamãe, eu a amo! Vovô, eu o amo, meu vovô amado! Não chorem, senão fico triste!

Tal como havia acontecido comigo, eles também saíram do êxtase e abraçaram aquela criança, que simbolizava a renovação da vida!

— Vovô, meu papai me disse que o senhor também é meu vovô. O senhor me aceita como mais um de seus netinhos?

— Divino Criador! É claro que o aceito! Como eu o desejei, meu neto amado!

— Dê-me sua bênção, vovô!

— Meu neto amado, eu o abençoo, abençoo e abençoo!

— Vovô, quando eu envelhecer, vou ser igual ao senhor!

— Por quê, meu neto!

— Essa sua vontade de viver e esse seu amor à vida é o que mais gosto de sentir no senhor, vovô!

— Meu neto, você receberá sempre essas irradiações desse seu vovô amado!

— Obrigado, vovô. Eu o amo muito. E estou muito feliz por ser mais um de seus netos amados!

Esperei que eles aquietassem seus emocionais, e quando vi uma oportunidade, ajoelhei-me diante dele e disse-lhe:

– Pai amado, foi-me difícil chegar até aqui. Mas sei que esperar por minha chegada também lhe foi difícil. Saiba que o amo muito, e que desejo amadurecer em seu amor e perpetuá-lo em mim. Dê-me sua bênção, meu pai amado!

– Levante-se, meu filho! Deixe-me abraçá-lo agora que você está mais maduro e apto a perpetuar-me em sua vida.

Nós nos abraçamos e trocamos com tanta intensidade nossas irradiações de amor que quem nos visse veria só uma intensa luz que irradiava amor em todas as direções. E muito mais intensa ela se tornou quando o infante e Estrela Dourada se uniram a nós naquele abraço de vida e amor.

Depois nos sentamos, e o pai ancião, ladeado por nós e com seu novo neto no colo, falou:

– Vivenciei um êxtase, meus filhos amados. Nele minha filha, que é uma mãe da vida, inundava-me de alegria e permitia que eu me renovasse através da vida de muitos netos amados!

– Papai – falou Estrela –, também vivenciei um êxtase. E nele eu me via em um lugar tão lindo quanto esse bosque, mas que tinha uma morada celestial só dele, e que nela cabiam todos os meus filhinhos e filhinhas, que estão espalhados nos domínios de minhas duas mães maiores: minha mãe Iemanjá e minha mãe Oxum.

– Filha, deixe-me ver em seus olhos se a morada que você viu é igual à que vi, e que é igual àquela ali adiante, bem no meio desse bosque!

– Que morada, papai ancião? – perguntou ela.

– Aquela ali! – exclamou ele, apontando para nossa frente.

Nós olhamos para onde ele apontava e aos poucos vimos surgir uma encantadora morada dentro do bosque.

Não me perguntem como aquilo aconteceu, pois esse é mais um Mistério. Mas Estrela, toda sorridente, exclamou:

– É essa sim, papai!

– Eu também a vi, minha filha. Acho que você tem tantos filhos que o que faltava a esse bosque agora já não falta mais. Não é verdade, meu filho? – perguntou-me ele, enquanto piscava um olho, todo feliz. Então perguntei:

– Papai amado, por que não vimos essa morada antes?

– Faltava quem a habitasse, meu filho. Quando o Divino Criador realizou sua obra, Ele a fez completa e tão perfeita que, sem sairmos do lugar em que nos encontramos, à medida que nossas necessidades vão surgindo, já temos o que nos falta bem diante de nossos olhos, só nos bastando nos colocarmos na exata vibração do que nos falta para visualizá-lo.

Esse bosque já existe desde que tudo o mais que aqui existe foi criado. Muitos já se deliciaram com a beleza e encanto dele, mas ninguém necessitava dele como nossa Estrela Dourada necessita, para que o Divino Oxumaré se renove através dos filhinhos dela. E porque ele se renova a todo instante, esse é um desses instantes em que ele se renova.

Você caminhou, caminhou e caminhou, e não encontrou outro semelhante seu, não foi?

– Foi sim, meu pai. Caminhei durante milênios incontáveis, e não vi nada além da natureza que torna esse bosque um Mistério divino.

– Percebe o que faltava a esse bosque? Quantos moradores desse imenso vale já não visitaram esse bosque através dos tempos?

– Creio que muitos.

– Mas agora só estamos nós quatro, não?

– É, só nós quatro.

– O que acontecerá depois que nossa Estrela Dourada trouxer para cá seus filhinhos já infantes?

– Não sei, pai.

– Todos os habitantes dessa região próxima do bosque virão aqui, pois estão maduros no tempo e sentem a falta de infantes, nos quais se renovarão e se perpetuarão. Nossa Estrela

Dourada, que se ainda fosse uma mãe da vida intermediária entre nossas mães Iemanjá e Oxum, se tornará uma mãe da vida intermediária delas para nosso pai Oxumaré, pois através dela se iniciará uma cadeia muito grande de relacionamentos que renovará milhares incontáveis de habitantes desse vale.

– Pai sábio, o que é uma mãe intermediária?

– Para você, que ainda está muito humanizado, ela é uma Orixá intermediária.

– E isso o que é um Orixá intermediário?

– Essa é uma de suas atribuições, meu filho. Um Orixá intermediário cria essas condições únicas, pois une em torno de si as condições ideais para que a vida não sofra uma quebra de continuidade, e através dele os pais e mães maiores, que são os Orixás Naturais, se renovem através desse intercâmbio de vida, e se perpetuem o tempo todo através de todos.

– Falta esse conhecimento aos adoradores dos Orixás, meu pai. Por quê?

– É muito difícil encontrar um intermediador entre os dois planos humanos e as dimensões naturais, meu filho. Quando encontramos em um algumas das condições ideais, faltam-lhe outras que são fundamentais, senão o intercâmbio de conhecimentos não acontece. E quando, após intensos esforços nossos, lhe criamos as condições que lhe faltavam, aí já adormeceram as que eram autossuficientes.

Então nos aquietamos e esperamos que os próximos regentes planetários e multidimensionais enviem seus mensageiros, que de um jeito ou de outro, com certeza, semearão um novo e mais abrangente conhecimento.

E esse novo conhecimento, por ser novo e ser mais abrangente, lhes cria as condições ideais para que se renovem nas mentes e corações de seus amados e adorados filhos humanizados.

– Pai...

– Depois continuaremos a conversa, meu filho. Acho que nos esquecemos de que o Divino Oxumaré já criou todas as condições ideais para assentar nesse bosque encantado sua nova intermediária para os domínios de nossas divinas mães Iemanjá e Oxum.

Filha! – chamou ele nossa amada Estrela Dourada.

– Sim, papai?

– Você gostou do interior dessa morada?

– Eu a amei, papai.

– Você acha que caberão todos os seus infantes dentro dela?

– Não, papai.

– Será que aquelas outras que circundam essa aí e completam um belíssimo conjunto arquitetônico serão suficientes para todos?

– Papai...

– Se não forem, logo depois daquelas árvores existe outro conjunto semelhante a esse, mas um pouco maior.

– Papai... o senhor...

– Por que você não dá uma olhada, minha filha?

– Sim, senhor! – exclamou ela, toda sorridente, e eu olhei e pouco a pouco fui vendo o que ele havia dito que ali existia.

– Santo Deus! – exclamei, muito admirado. Quanto a ela, limitou-se a soluçar. Então veio até ele e perguntou:

– Por que, papai?

– Filha, você é uma mãe da vida que já adotou tantos filhos que ultrapassou em muito seu grau de mãe pequena. E porque o Divino Oxumaré deseja renovar-se através de seus infantes, e porque ele a tem na conta de uma mãe intermediária já há muito, então chegou o momento ideal para que essa vontade dele flua através de você e seja um de seus desejos.

Assim que o pai ancião falou aquilo, uma névoa cintilante envolveu Estrela Dourada e, por um instante, eu não vi nada senão mil cores cintilantes onde ela estava. Depois a névoa foi se recolhendo, ou melhor, foi sendo absorvida por ela e uma nova Estrela Dourada estava bem ali à nossa frente. Ainda a ouvi dizer:

– Que seja feita sua vontade, meu Pai amado!

– Obrigado por ter permitido que eu fosse uma das testemunhas oculares dessa vontade do Divino Oxumaré, minha filha! – falou o pai ancião. – E fortalecerei sua nova vida com todo o meu amor.

– Obrigada, papai. O senhor sempre foi uma bênção em minha vida, e a partir de agora vejo que também é uma das dádivas que o Divino Criador concedeu-me.

– Filha amada, você me distingue como uma das dádivas divinas de sua vida?

– Sim, papai. Perdoe-me por não tê-lo reconhecido como uma delas antes.

– Filha! Minha filha amada! Como me sinto feliz por tê-la entre as muitas filhas que me aceitaram como pai! Meu divino criador, como o senhor é generoso com esse seu filho, meu senhor! Como o senhor é generoso, meu Pai! Como estou feliz por ser distinguido por ti como uma dádiva divina na vida dessa minha filha!

E mais ele não agradeceu ao Divino Criador, pois caiu de joelhos e começou a soluçar.

Nós tentamos acalmar seu emocional, mas nada detinha aquele pranto emocionado de gratidão. Então Estrela Dourada pediu-me:

– Querido e amado amor de minha vida, você é um Guardião Celestial do Sagrado Arco-Íris e pode reunir aqui todos os meus infantes. Reúna-os para mim, pois só assim nosso pai amado parará de chorar.

– Como fazer isso, se não sei como?

– Ordene isso à sua encantada serpente do Arco-Íris que em um instante todos estarão aqui, querido.

– Ela fará isso?

– Ela á a encantada do Arco-Íris, não?

– É, acho... é sim. Vou ordenar-lhe isso, querida. Mas... você não quer fazer isso?

– Você permite a mim essa honra de ordenar à sua serpente encantada essa minha vontade?

– Claro. Assim aprenderei como se faz isso.

– É só falar o que deseja que ela faça, que no mesmo instante ela fará. Já que você me concedeu esse direito, vou ordenar-lhe: Encantada do encanto do Divino Oxumaré, vá buscar todos os meus infantes espalhados nos domínios de minha mãe Iemanjá e de minha mãe Oxum. Traga também minhas irmãs pequenas que cuidam deles!

No mesmo instante aquela serpente transformou-se em um arco-íris e se projetou para o infinito, e dali a alguns segundos começaram a surgir infantes, todos ligados a um fino cordão multicolorido, e foram surgindo tantos infantes, mas tantos, que até me sentei no banco para melhor contemplar aquele espetáculo da vida.

Eram milhares e milhares de crianças que ali iam surgindo, e acomodando-se, umas encostadinhas nas outras, e todas ao redor de Estrela Dourada, que irradiava luz sobre todas elas.

Também vi surgirem muitas mocinhas, que acomodavam em seus braços ou traziam agarradinhas às suas saias rodadas muitos outros infantes, um pouco menorzinhos.

Um pranto silencioso, e de admiração e alegria, fez com que lágrimas rolassem por minhas faces.

Assim que todos estavam ali, a serpente recolheu seu encanto e acomodou-se novamente junto ao meu corpo. Estrela então ordenou:

– Meus filhos amados, conheçam nosso novo vovô!

Imediatamente aquela multidão de infantes aglomerou-se ao redor daquele nosso pai amado, e todos queriam abraçá-lo e beijá-lo. Um verdadeiro fuzuê infantil tirou-o daquele choro tão intenso e o fez sorrir feliz e dizer, sempre que curvava um infante acima de sua cabeça:

– Obrigado, meu Pai Divino!

E com nenhuma ele deixou de dizer aquilo, inundando-os com seu amor e vontade de viver.

Aquela confraternização entre o ancião e os infantes, ou entre o ancestral e a renovação, parecia não acabar mais, de tantas crianças que ali havia. Acho que durou um século para todos aqueles infantes serem abençoados por ele, que após abençoar o último, abraçou Estrela Dourada e falou:

– Filha, sinto-me tão feliz que acho que rejuvenesci muitos milênios!

– Eu sei, papai. Nunca antes o vi assim, tão radiante. O senhor me dá sua licença, pois preciso acomodá-los na nova morada que ganharam.

– Vá, minha filha. Eu vou ficar sentado ali no banco até que você acomode a todos!

Estrela Dourada e suas irmãs foram acomodar toda aquela criançada, e o pai ancião veio sentar-se ao meu lado. E só voltou a falar quando viu a última criança ser recolhida às construções.

– O que me diz agora, meu filho?

– Não tenho palavras, meu pai. Minhas lágrimas expressam o que não consigo dizer.

– Eu o entendo. Mas, do que falávamos?

– Já não me lembro também.

– Nossa amada Estrela é um encanto, não?

– É, sim.

– Como você acha que ficará melhor a Estrela Dourada que encima a coroa dela e que a distingue entre todas as outras estrelas?

– Não entendi, papai.

– Sim, como acha que o arco-íris melhor se adaptará à estrela dourada que encima a coroa dela?

– Não sei.

– Temos de ver como ficará melhor, pois agora ela é uma mãe intermediária do Divino Oxumaré e ostentará o arco-íris junto à sua estrela dourada. O que você acha?

— Pai, eu não sei nada sobre isso. Mas sei que o senhor também já viu isso, não?

— É, já vi sim. Vamos ver como ficou?

— Onde?

— Na Estrela Dourada, oras!

Nós nos dirigimos ao interior da construção e espantei-me, pois por dentro ela era muito maior do que aparentava por fora. E era tão grande que tinha enormes jardins internos que eram deslumbrantes.

Quando chegamos onde estava ela, sua estrela dourada estava circundada por um arco-íris, também vivo. Então falei:

— Se antes essa estrela era linda, agora é muito mais, meu pai.

— Também acho, meu filho. Como devemos chamá-la?

— Como?

— Sim, ela tem de ter um nome que sintetize seu Mistérios e simbolize os três Orixás que se manifestam através dela.

— Diga-o logo, papai! — pedi.

— Bem, aí está nossa amada intermediária Estrela Dourada do Arco-Íris Divino!

— A estrela é nossa mãe Iemanjá, o dourado é nossa mãe Oxum e o arco-íris é nosso pai Oxumaré? — perguntei-lhe.

— Essa é uma interpretação humana, meu filho. E está correta. Já em uma interpretação celestial, a estrela é a vida, o dourado é a vitalidade e o arco-íris é por onde a vida flui continuamente.

— Vida, a força da vida e as faixas vibratórias onde ela se manifesta, não?

— Essa já é uma interpretação divina, meu filho. Vamos pedir a ela que distinga essa morada com esse novo símbolo sagrado.

Pouco depois Estrela, já fora da construção, projetava seu novo símbolo sagrado, que encimou a entrada daquela morada celestial. E ele começou a irradiar, tornando-se visível em um raio de 360 graus. E como se fosse um aviso esperado por muitos, dali a pouco começaram a chegar irmãos e irmãs por todos os lados daquela morada.

Eram tantos que aquele lugar adquiriu uma nova aparência. O pai ancião ainda me falou:

– Estávamos certo, não?

– Sobre o quê, meu pai?

– Ora, que faltava vida a esse bosque, meu filho!

– É, o senhor estava certo.

– Nós, meu filho. Nós, sim?

– Por que nós, meu pai?

– Sem vocês dois eu não teria visto esse conjunto que aguardava seus ocupantes, e essa vontade do Divino Oxumaré não teria se transformado em um desejo que já está se realizando. Só as vi quando vi você e Estrela unidos em todos os sentidos pelo amor e pela vida, que são a essência do Divino Oxumaré. E quando isso acontece, uma renovação muito grande se inicia.

Estrela agora tem em você um sustentador vigoroso. E ampliará tanto sua capacidade de adotar filhos que dentro de muito pouco tempo muitas outras moradas semelhantes a essa se tornarão visíveis dentro desse bosque.

– Se não tivesse acontecido nosso reencontro, nada disso estaria acontecendo agora?

– Não, meu filho.

– Pai, fale-me sobre isso, por favor.

– Filho, você está retornando de uma longa jornada, e de pouco se recorda. Por isso vou falar-lhe sobre esse Mistério de forma didática, está bem?

– É assim que desejo ouvi-lo, meu pai. Desejo que o senhor seja um mestre para mim, pois isso me falta mais que nunca.

– Vamos caminhar um pouco?

– Dê-me seu braço, pois quero apoiá-lo com meu vigor, mas quero amparar-lhe em suas qualidades divinas.

Ele apenas sorriu com o que eu dissera. Mas fiquei feliz, pois ele vibrou alegria ao ouvir-me dizer aquilo. E logo ele já caminhava com mais desenvoltura. Em mim ele tinha o vigor, e o fluía através da troca energética que havia se estabelecido entre nós dois. O ancestral se revigorava no novo, e o novo amadurecia no ancestral!

Quem era realmente aquele pai ancião eu não sabia. Mas todos os que passaram perto dele o saudaram reverentemente, e uns diziam: "Sua bênção, papai!"; outros diziam: "Sua bênção, vovô!". E outro diziam: "Sua bênção, tatá!".

Quando nos afastamos daquele aglomerado de vida, já não aguentando mais de curiosidade, perguntei, justificando-me:

– Pai, muitos o chamam de tatá. Eu pouco sei sobre o simbolismo dos nomes. Mas eu conheci, ou melhor, conversei com Exus que se apresentavam como Exus Caveira. Mas conheci um em especial, e de quem gostava muito, que se apresentava como Exu Tatá Caveira. Como pouco sei, ensine-me isso antes, por favor.

– Filho, chega um momento em que os próprios graus de afinidades se tornam inomináveis. Aqueles que me chamam de tatá é porque são filhos dos filhos dos filhos dos filhos... dos filhos de meus filhos. É uma sucessão de renovações que, para facilitar as coisas, me chamam de tatá, o mais antigo de seus avós. Sou tatá, e ponto final. E eles são minhas renovações, e também ponto final.

Por analogia, esse seu irmão, que meu irmão também é, por analogia, também é um ancestral Exu Caveira. Ele é tão antigo quanto a própria linha dos Exus Caveira, e vem se renovando através de seus filhos, netos, bisnetos, etc., e atualmente, para facilitar as coisas, todos o chamam de Tatá Caveira, e ponto final.

– Então muitos Exus Caveira, "novos", são renovações dele?

– São.

– Mas se ele é tão antigo assim, por que ainda incorpora e atua junto aos encarnados? O certo não seria ele se assentar e dali coordenar todas as suas renovações?

– Você não sabe, mas ele já é um assentado. E, se ele ainda atua, é porque ama nossos irmãos humanizados e sente-se bem junto deles, e se renova sempre que incorpora em seu médium.

Quem for seu médium, e souber disso que estou lhe falando, com certeza amará muito mais esse nosso irmão, pois aí descobrirá que sendo amparado por seu ancestral Caveira, que se é um tatá optou por incorporar nele, é porque o ama muito, pois se não o amasse tanto, com certeza optaria por algum outro médium.

– É uma médium, pai.

– Então ela é duplamente privilegiada, meu filho.

– Por quê, pai?

– Com certeza ela é uma mãe ancestral já beneficiada do amor dele, e que ele em um ato único de amor assumiu como um bem divino a ser amparado durante sua humanização.

– Isso acontece, pai?

– Acontece. Quando um pai ou uma mãe não consegue renovar-se através de uma contínua hereditariedade que o perpetue, então pode optar por iniciá-la na dimensão humana.

Lá, no plano material, se unirá com o sexo oposto e abrirá em si a capacidade de gerar seus próprios filhos. E a partir deles, aí sim, iniciará sua descendência, que nunca mais cessará, pois traz em si um Mistério de Deus. E só de Deus, meu filho!

Então, quando completar seu ciclo evolucionista humano, com certeza se tornarão pai e mãe da vida, pois trazem em seus corpos energéticos a renovação contínua ou autorrenovação. Você mesmo já possui essa qualidade, pois essa capacidade desenvolvida em seu estágio humano desenvolveu em seu corpo energético uma "glândula" que gera energias continuamente, tornando-o autossuficiente em si mesmo se permanecer em equilíbrio mental. Ao contrário dos que nunca encarnaram, você absorve muito pouco das energias que aqui são geradas, e que são o alimento natural de todos os que aqui vivem e evoluem.

Deixe de usar sua visão humana e recorra à que desenvolveu no meio neutro, e aí verá como se processa essa alimentação dos corpos energéticos de seus irmãos encantados e como você absorve muito menos.

Fiz como ele havia dito, e pouco depois me vi mergulhando em um oceano energético fantástico!

Era éter multicolorido e permeava tudo o que ali existia. E vi os meus irmãos e irmãs absorvendo através dos chacras um fluxo intenso daquelas energias etéricas. Quando observei a mim mesmo, vi que absorvia muito pouco delas, e que em alguns sentidos até as irradiava.

Vi também que saíam muitos cordões de meus sentidos, uns de umas cores, outras de outras, e que no outro extremo deles estavam irmãos e irmãs que de uma forma ou de outra haviam se ligado a mim. Então perguntei:

– Pai, por que esses cordões?

– Eles permitem uma troca de energias, meu filho. As que você gera e não envia a ninguém através deles, ou se acumulam em seus sentidos ou são lançadas nesse oceano energético através de sua irradiação luminosa. E através deles recebe as de seus irmãos e irmãs que estão retribuindo e compensado seu corpo energético com as deles.

Um equilíbrio, aos poucos, está se estabelecendo, e dentro de algum tempo toda uma teia de trocas energéticas alcançará seu equilíbrio.

Após observar por um bom tempo as ligações estabelecidas, falei:

– Pai, sem lhe faltar com o respeito, preciso pedir-lhe que me esclareça uma coisa.

– Desejar saber nunca é falta de respeito, filho. Agora, usar o que você vier a aprender, mas de forma prejudicial aos seus semelhantes e a si mesmo, aí sim, será faltar-me com o respeito e um atentado aos regentes do amor e da vida.

– Entendo. Acho que vou deixar para depois essa minha curiosidade.

– Acha que não está preparado para esse nível do conhecimento?

– Não sei, pai. Talvez esteja, mas não o deseje. Ou talvez o deseje, mas não esteja preparado para ele.

– Filho, ligações nesse nível supra-humano só acontecem se afinidades existirem. Se elas não existirem, creia-me, os cordões não se estabelecem.

Isso nos permite sabermos quem realmente nos é afim, e em qual dos sentidos as afinidades surgiram. Mas se as ligações já aconteceram, então devemos deixar que as trocas aconteçam naturalmente, pois só assim as duas pontas dos cordões energéticos fluirão energias. Saiba que se você, por qualquer razão, recusar-se a doar ou receber as energias que estão fluindo naturalmente, então se iniciarão desequilíbrios emocionais, que, dependendo da intensidade, ou desequilibrarão você ou quem está na outra ponta deles.

Saiba que esses cordões energéticos, invisíveis à visão humana, é que mantêm ligados espíritos que já vivem há muito nas esferas da luz com seus afins nas trevas.

– Nada ou ninguém pode contá-los?

– Só a simbólica espada da Lei, pois esses cordões surgem por causa de uma Lei Divina que só é clamada em casos extremos e irreparáveis, então são contados. Mas, enquanto aos olhos divinos do criador ainda estiver visível uma possibilidade de rearmonização e reequilíbrio entre os dois extremos de um cordão, nada ou ninguém os romperá.

Você se lembra de um centro de Umbanda em que você desenvolveu parte de sua mediunidade, e no qual o guia-chefe usava uma espada de aço para descarregar os consulente?

– Lembro-me sim.

— Saiba que aquele guia, ao "cruzar" todos os campos energéticos das pessoas com sua espada imantada com o poder e a força da Lei, nada mais fazia que passá-la por esses cordões que só agora você vê. Os que a Lei Maior achava que deviam permanecer intactos, aquela espada simbólica não cortava, mas os que fossem cortados, imediatamente livravam as pessoas de atuações nocivas aos seus corpos energéticos e aos seus corpos emocionais, pois dali em diante não mais recebiam as energias desarmonizadoras de quem estava nas outras pontas.

— Incrível!!! Divino mesmo, meu pai amado!

— É divino mesmo, meu filho. Dentro das práticas religiosas de Umbanda Sagrada estão as sete manifestações capitais de nosso Divino Criador. Basta saber o porquê de todo o instrumental usado pelos guias espirituais, e logo deixarão de ver as práticas de Umbanda como ceticismo e entenderão que por trás de procedimentos estranhos ou inexplicáveis está toda uma ciência divina, pois é através daquelas práticas simples que os sete sentidos capitais do Divino Criador estão se manifestando através do Ritual de Umbanda Sagrada.

— Agora entendo por que os médiuns mais preparados têm sua espada simbólica de Ogum!

— Nem sempre a espada está à mostra, meu filho. Às vezes está oculta em um ponteiro ou no facão de um Exu de Lei, porque eles, por serem de Lei, também são instrumentos dessa Lei maior que nominamos de Lei das Afinidades.

— Eu via em muitos altares pequenos ponteiros, e achava aquilo ridículo, meu pai. Dê-me seu perdão, pois julgava um disparate colocar ao lado da imagem de um santo uma arma cortante, ainda que aqueles ponteiros não tivessem corte. Mas eram perfurantes.

— Eu já lhe disse que somos perdoados por tudo o que fazemos porque desconhecemos, não?

— Disse sim.

– Então peço a Deus Pai que o perdoe por esse erro de julgamento.

– Obrigado, pai amado. Obrigado por perdoar-me, pois, se emiti juízos errados, só fiz por ignorância.

– Ele já o perdoou, meu filho. Retribua esse perdão ensinando os Mistérios religiosos sempre que lhe for possível.

– Eu ensinarei, meu pai.

– Eu sei disso, meu filho. Por isso o amo tanto. Sei que não guardará para si um dos conhecimentos fundamentais das práticas rituais de Umbanda Sagrada.

– Pai, pode dar-me sua licença por um instante?

– Licença concedida, meu filho. Use bem o que aprendeu, e tenho certeza de que o Regente do Saber o abençoará com muito amor!

Próximo de nós estava, já há muito tempo, uma daquelas jovens que haviam me abraçado na praça, e que eu disse que havia me recolhido a um nível superior para não ter de beijá-la nos lábios ali, em público!

Fui até ela e, meio sem jeito, falei:

– Irmã amada, quando nos abraçamos, senti muita vontade de beijá-la nos lábios, pois só assim realizaria um desejo meu.

Ela vibrava tanto que ficou trêmula e quase não conseguiu falar. Mas a muito custo perguntou-me:

– Qual é seu desejo, irmão amado?

– Colher de seus lindos e encantadores lábios seu hálito da vida e suas vibrações femininas de amor. Conceda-me a realização desse meu desejo, e permita que lhe retribua com todo o meu amor e minha vontade de viver em seu coração!

Acho que não fui muito sutil naquela minha primeira declaração de amor, pois ela desmaiou. E, se não tivesse sido rápido, ela teria caído no solo.

Aflito, olhei para meu pai ancião, que me falou:

– Não se desespere. Apenas a abrace e a envolva com suas vibrações de amor que ela logo volta a si. O cordão que se estabeleceu entre vocês dois os tornou um par natural. Ela já o havia adotado e só aguardava um momento para saber de você se desejava adotá-la como par. E como você pulou várias etapas desse "namoro" natural, ela não resistiu a tantas emoções de uma só vez.

– O que acontecerá de agora em diante?

– O que acontece entre um casal lá na dimensão humana?

– Eu, ao pular as etapas desse "namoro", casei-me com ela?

– Aqui não existe esse termo casar. Mas você se uniu a ela, e a Lei das Afinidades regerá sua união, que poderá ser em todos ou só em alguns sentidos. Se for em todos, de você ela receberá, via trocas energéticas, todas as energias de que ela precisa. Mas se for só em um sentido, então outros a ela se unirão e a completarão. Na ancestralidade ela já está ligada a mim, pois fui seu primeiro tatá-avô. Mas isso não impediu que ela também se ligasse a outros tatás-avós. Observe que o cordão que une a coroa dela à minha é um cordão cristalino. Esse é o ancestral. Já os outros cordões que a unem a outros tatás, eles têm outras cores.

Nesse caso as afinidades assumiram as cores do amor, da vida, do saber, etc., pois surgiram a partir da necessidade de ela ter tatás nesses sentidos da vida, e deles se perpetuarem através dela neles também.

Só ela estando unida em todos os sentidos aos tatás, no futuro ela alcançará seu grau de babá, ou de mãe da mãe da mãe... da mãe de sua neta.

– Nossa!!! Espero saber portar-me à altura, pois mesmo estando desmaiada, vários outros cordões já surgiram. E todos são cristalinos!!!

– É como eu disse: várias etapas do namoro foram puladas, e se esses cordões iam surgir com outros irmãos seus, de agora em diante só surgirão os secundários que servirão para fortalecer ainda mais esses que se estabeleceram entre vocês dois.

– Mesmo que eu não seja o par ideal para ela?

– Ela não o verá como inadequado.

– Como serei visto?

– Só como um par afim, mas ainda não o ideal. Mas esperará que o tempo realize você, e aí com certeza se estabelecerá toda uma gama de trocas energéticas tão intensas que compensará toda a longa espera.

– Acho que usei mal o que o senhor me ensinou.

– Não creio. Só dependerá de você assumi-la, ou não, pois temos de assumir todas as consequências de nossos atos. Não assumi-las só prolonga um desequilíbrio e permite que a harmonia transforme-se em uma discórdia vibratória.

E você, ao desejar sentir o hálito da vida e as irradiações de amor dessa minha neta, a assumiu como par ideal, pois ela também desejava isso, se não com certeza não teria desmaiado, no máximo o teria descartado como o par ideal para unir-se ao destino dela.

– Unir destinos?

– Isso mesmo, todos temos um destino, que vamos unindo somente com quem mais se afinizar conosco, pois, depois de unidos, só a Lei os separará.

– Entendo. Aqui não existe o livre-arbítrio dos espíritos humanos.

– Lá existe realmente o livre-arbítrio?

– Não existe?

– Não. O que existe é uma grande capacidade de anular no emocional tudo o que não nos agrada. Em compensação, o que nos agrada acaba se transformando em uma obsessão. E ou possuímos de imediato o que desejamos ou começamos a vibrar negativamente. Não damos tempo ao tempo, e esperamos que nossos desejos se realizem naturalmente.

Você se lembra daqueles médiuns que, ouvindo em uma sessão de trabalhos que tinham mediunidade, na seguinte já queriam estar incorporando e trabalhando como os médiuns já amadurecidos no tempo decidido às práticas de Umbanda?

– Lembro-me sim. Alguns, por demorar para incorporarem, logo viraram as costas, abandonaram as tendas, e ainda saíam dizendo que, ou o pai ou mãe espiritual era fraco, ou que a Umbanda era tudo uma enganação.

– Está vendo só? Eles não davam tempo ao tempo para que eles mesmos fossem trabalhados sutilmente e tivessem abertas suas faculdades mediúnicas, que não precisavam necessariamente ser de incorporação, pois poderiam ser intuitivas, auditivas, clarividentes, doutrinadoras, energizadoras, magnetizadoras, curadoras, consoladoras, etc.

Não, eles queriam vestir a roupa branca, incorporar o Caboclo Faz Tudo e o Exu Pode Tudo, e pronto, serem os novos tatás de Umbanda! E isso no curto prazo de uns poucos meses, não?

– Eram assim mesmo, meu pai.

– Ainda são, meu filho. Esses são os que foram chamados, mas durante a caminhada de retorno distraíram-se tanto com as coisas que viram à beira do caminho que, quando finalmente chegaram, aquelas qualidades iniciais já haviam adormecido, e aí não tiveram a humildade de darem tempo ao tempo para que novas qualidades aflorassem e permitissem o despertar das antigas já adormecidas.

– Entendo, pai amado. Se eles se aquietassem e fossem aprendendo as práticas externas, em alguma delas surgiria a afinidade e começariam as aberturas internas.

– Bem, deixemos o "tempo" cuidar dos apressados, dos afoitos e dos descrentes, pois dos que creem, aguardam e confiam em si mesmos os pais e mães de Umbanda cuidarão e ampararão até que também eles se tornem pais e mães, não?

– É isso mesmo, pai amado. Nunca devemos forçar quem quer só a ilusão a que aceite a realidade. Às vezes temos a lhes oferecer a água da vida, mas a recusam, pois preferem o álcool que embriaga.

Nesse momento a irmã em meus braços deu sinal de que voltava a si, e perguntou-me:

– O que aconteceu comigo?

– Acho que me apressei com você e a emocionei demais. Desculpe-me, por favor!

– Não se desculpe, amado meu. Eu o desejei tanto que não resisti à emoção quando vi se realizar de uma só vez todos os meus desejos.

– Será que foi isso?

– Foi, sim. Mas agora que finalmente posso senti-lo junto de mim, estou muito feliz. Não imagina como me sinto completa. Estou encontrando em você tudo o que me faltava.

Enquanto dizia essas coisas, ela ia se aconchegando bem junto de mim, e sem tirar seus olhos dos meus. Acho que ela me examinava, ou à minha memória, como havia dito aquele meu discípulo. E em dado momento, dos olhos dela começaram a correr lágrimas; então ela me falou:

– Longa tem sido sua jornada humana, meu irmão amado.

– Tem sido, sim. Acho.

– Posso ver que é longa. Mas dure ainda mais quanto desejar nosso Divino Criador, de agora em diante o acompanharei daqui ou de onde vier a estar, e lhe enviarei minhas vibrações de amor e de vida, de fé e de perseverança. E chegará um tempo em que você, pleno no amor e na vida, voltará e me recolherá com sua luz, força e poder, e aí... colherá mil vezes mais beijos que esse que vou lhe dar agora.

De fato, foi um senhor beijo o que ela me deu e de mim recebeu. Além de ter durado alguns anos, tive a nítida impressão de que ela mergulhara em um êxtase muito intenso, pois explodiu em tantas luz e cores que houve momentos que parecia que eu beijava uma fonte luminosa.

Sim, senhor, um beijo como aquele não se conhece a qualquer hora ou lugar, ou com qualquer pessoa do sexo oposto. Não mesmo!

Quando separamos nossos lábios, ela ainda continuava naquele êxtase, que não ousei interromper, mas que me assustava, pois era um nítido êxtase feminino. Como acontecia, não sei dizer, ou não posso, mas que o sentia inundar-me com suas energias, isso eu sentia, e como sentia!

Preocupado, perguntei ao meu pai ancião:

– E agora? O que faço para tirá-la desse estado sem magoá-la? Isso está se tornando insustentável!

– Você não se lembra de nenhum lugar idílico?

– Lembro de muitos.

– Conduza-a a algum deles, e aí, a sós, vivencie você também esse êxtase único para ela.

– Como me conduzir, se estou me segurando nesse nível vibratório superior e não sei como volitar com ele ativado?

– O procedimento é o mesmo. Só que nesse nível vibratório você se deslocará a uma velocidade superior à da luz no plano material. Assim sairá mais rápido daqui e chegará mais depressa onde deseja!

Volitar naquele nível podia ser muito rápido, mas que ainda o ouvi rir das minhas dificuldades, isso ouvi! E quando retornei, com ela já reequilibrada, pude perceber um ar de satisfação nos olhos dele, que voltara a sentar-se no banco.

Pedimos sua licença e nos sentamos, ladeando-o. Ela me pediu:

– Vovô tatá, dê-me sua bênção.

– Já a abençoei, minha neta amada. Venha, aconchegue-se junto de mim, pois quero sentir bem de perto essa sua alegria, felicidade e plenitude tanto na vida quanto no amor.

– Vovô tatá, tudo aconteceu como imaginei que seria.

– Tenho certeza de que sim, minha neta amada, não lhe disse sempre para aquietar-se e dar tempo ao tempo, pois o Divino Oxumaré enviaria à sua vida um par que a completaria e a tornaria autossuficiente?

– Obrigada por ter amparado com seu saber essa sua neta amada.

– Acho que você amadureceu o bastante para continuar sendo minha neta. Você já alcançou uma maturidade tal que já a tenho como minha filha.

– Vovô... – e mais ela não falou, pois começou a soluçar. Ele lhe acariciou a cabeça com ternura e falou:

– Papai, minha filha. Chame-me de papai de agora em diante, e saiba que nossa mãe da vida está vertendo lágrimas de alegria por vê-la tão feliz e realizada.

– Ela está olhando para mim, papai amado?

– Está sim, minha filha, já vislumbro uma Estrela Cristalina sobre sua coroa. Ela deseja adotá-la como filha, sabe?

– Papai, eu não mereço tantas alegrias de uma só vez.

– Por que não? Já faz tempo que você vibra o amor maternal e se encanta com os infantes em suas primeiras idades, não?

– Encanto-me sim, papai.

– Então você a quer como sua mãe maior, não é mesmo?

– O senhor me conduz até os domínios dela?

– Você honra seu pai com essa alegria?

– Eu é que serei honrada se tiver o senhor ao meu lado quando for assentar-me nos domínios dela.

– Como minha neta, você inundou minha vida com seu amor. Agora, como filha, inundará meu amor com a vida, pois seus filhos serão para mim vidas, vidas e mais vidas!

– Tenho certeza de que sairão ao pai e honrarão o avô, papai amado.

– Veja, seu desejo de servir nossa amada mãe Iemanjá como uma pequena mãe da vida já é uma vontade manifestada por ela!

De fato, naquele instante vi surgir uma estrela cristalina sobre a coroa dela, e inundá-la com uma luz quase azul que foi cobrindo-a toda. E alterou até a aparência da veste multicolorida que a cobria. A veste tornou-se de cor azul-celeste, e a cobria desde o pescoço até os pés. Com ela havia acontecido o inverso do que acontecera com a veste de Estrela Dourada, que se tornara furta-cor.

Deduzi que estar sob a manifestação de um Orixá implicava cobrir-se com suas cores e indumentárias.

– Eis que temos uma nova Estrela Cristalina! – exclamou Estrela Dourada do Arco-Íris, que nos observava a distância. – Irmã, abrace-me forte, pois desejo sentir sua alegria e transmitir-lhe a minha.

Foi um abraço tão esfuziante que a luz e a cor das duas fundiu-se e irradiou-se com tanta intensidade que até desviei os olhos. E logo uma multidão formou-se em torno da mais nova das estrelas, a cristalina.

Sim, nos domínios de nossa mãe Iemanjá, os infantes em sua primeira idade, ou estágio evolutivo, são criados pelas mães estrelas cristalinas, as estrelas aquáticas-cristal.

Como os cumprimentos durariam um século, optei por retirar meu filhinho do colo de Estrela Dourada e caminhar um pouco com ele.

– Para onde vamos, papai?

– Vamos caminhar um pouco, meu filho. Se você quiser ser como seu pai quando crescer, terá de gostar de caminhar e observar tudo o que só vemos caminhando, observando e estudando, pois só assim absorvemos um conhecimento silencioso.

– Que conhecimento é esse, papai?

– É um que não nos diz nada, mas nos fala o tempo todo.

– Por que ele nos fala o tempo todo, se não fala nada?

– É o conhecimento do corpo externo do nosso Divino Criador, meu filho. O corpo interno dele nós só podemos sentir e exteriorizá-lo através de nossos sentimentos virtuosos. Já seu corpo exterior, nós podemos vê-lo, tocá-lo e senti-lo. Você está vendo essa vegetação exuberante?

– Estou, sim.
– Toque nas folhas, nos galhos, tronco e frutos.
– Por que, papai?
– Toque e sinta, meu filho. Só faça isso agora!
Ele tocou e sentiu. Depois, todo feliz, exclamou:
– Já toquei e senti, papai!
– O que você tocou?
– Uma planta.
– E o que você sentiu?
– Uma planta, papai.
– O que você sentiu nas mãos quando tocou o tronco foi a mesma coisa que quando tocou nas folhas?
– Não.
– Então você não tocou ou sentiu uma planta, você tocou e sentiu as partes de uma planta, não é mesmo?
– Não é a mesma coisa?
– Não. Tente de novo, e sem pressa, está bem?
– Sim, senhor.
Algum tempo depois, ele se voltou para mim e falou:
– Papai, as folhas são lisas e moles. Os frutos são lisos e duros. Os galhos são duros mas flexíveis, mas o tronco é duro e inflexível.
– Então uma planta, no geral, é um todo que a faz ser o que é: uma planta.
Mas, se a tocarmos e sentirmos, então percebemos que mesmo ela, um todo, tem partes distintas entre si, ainda que no todo sejam partes de uma planta, que é o todo, não? Você entende isso?
– Sim, senhor.
– Agora olhe todas essas plantas e veja se não formam um bosque.
– Formam, sim.
– Como um bosque é formado de muitas plantas, então um bosque é um todo, não?

– É sim, papai.

– Observe e me diga que partes formam esse nosso bosque.

Depois de algum tempo, ele falou:

– Um bosque é formado por muitas plantas, papai.

– Olhe de novo e veja se todas as plantas são iguais, e se existem outras coisas aqui além das plantas.

Logo ele falou:

– Não, papai! Existem plantas diferentes entre si, e há o solo, umas pedras e aquela nascente de água cristalina.

– Então uma planta é formada de suas partes, e um bosque não é feito só de plantas, pois além de haver várias espécies, também é formado de outras partes, não?

– Sim, senhor.

– Percebe que tanto faz o todo planta como o todo bosque, ambos são formados pela união de várias partes?

– Sim, senhor.

– Então, recorrendo ao exemplo da planta e do bosque, observe essa fonte, toque em sua água e a sinta. Depois você me dirá tudo o que descobrir.

– Sim, senhor.

Algum tempo depois, ele me falou:

– Papai, essa água é diferente. Ela é cristalina, e a fonte nasce do solo. E jorra água continuamente e a água corre para lá.

– Vamos seguir seu curso?

– Sim, senhor.

Pouco depois chegávamos ao riacho, e depois de ele descrevê-lo, o levei até o rio caudaloso, que também descreveu, e depois o levei até o delta onde desaguava no mar, que ele, todo feliz, chamou de o domínio de sua mãe maior.

– Filho, você se lembra da fonte?

– Sim, papai.

– Ela correu para o riacho, não?

– Sim, um riacho é formado de muitas fontes.

– E o riacho desaguou no rio, que é formado de muitos riachos, não?

– Sim, e os domínios de nossa mãe maior são formados da água de muitos rios caudalosos, certo?

– Sim, senhor.

– De quem você falou que são as fontes?

– De nosso pai maior Oxalá.

– E de quem são os rios?

– De nossa mãe maior Oxum.

– E de quem eram as lagoas?

– De nossa mãe maior Nanã.

– E de quem é o oceano?

– De nossa mãe maior Iemanjá.

– E de quem é aquele arco-íris?

– De nosso pai maior Oxumaré.

– E de quem é o solo que da sustentação a todas essas partes da natureza?

– É de nosso pai maior Obaluaiê.

– E de quem é esse ar que permite arejamento de tudo?

– É de nosso pai maior Ogum.

– De quem é essa brisa fresca que agita nossas vestes?

– É de nossa mãe maior Iansã.

–E de quem é o espaço que permite que tudo isso exista, inclusive o solo?

– É de nossa mãe maior Oiá.

– E tudo isso acontece por quê?

– Porque está no tempo, que é o eterno, que se renova o tempo todo através de suas partes.

– Então, tudo pertence a um só todo, não?

– Sim, senhor. Tudo é de nosso Divino Criador, papai.

– E se tudo é d'Ele, e tudo está n'Ele, então esse todo é ele, não?

– É sim, papai.

– Então, se esse todo é Ele, caso você toque em uma planta, no solo, nas pedras, nas águas, etc., você estará tocando em partes de nosso Divino Criador, não?

– Estarei, papai.

– Viu como foi fácil descobrir como é o exterior de nosso Divino Criador, e como você pode tocar n'Ele e senti-lo se tiver consciência ou o conhecimento do corpo exterior do Divino Criador Olorum?

– Papai, se eu comer essa fruta que está em sua mão vou comer parte d'Ele?

– Não, meu filho. Você só comerá o fruto de uma planta.

– Só isso?

– Comer esse fruto significa só isso: comer um fruto.

– Então posso comê-lo?

– Tome, coma-o que depois vamos entrar na água do rio e do mar e sentir a diferença entre elas, pois se ambas são águas, no entanto não são iguais, mas somente semelhantes.

– Comerei depressa, papai.

– Não se apresse, aprecie o sabor dessa fruta e sentirá que ele é diferente do daquela outra que você comeu.

Algum tempo depois, ele falou:

– Papai, o outro era mais saboroso.

– Eu sei, filho. Mas, para outros irmãos nossos, talvez esse aqui seja o mais gostoso dos dois.

– Por quê, papai?

– Porque tudo o que nosso Divino Criador criou tem sua utilidade e serve para alguém. Nada foi criado em vão ou só porque Ele goste de criar ou tem uma utilidade diretamente ligada a nós ou nos serve indiretamente, compreende?

Você vivia nos domínios de nossa mãe maior Iemanjá e desconhecia que as fontes dão início a ele, não? Mas agora sabe que elas sempre vão desaguar nos oceanos, e que os imensos oceanos são formados de minúsculas fontes, certo?

– Agora sei.

– Antes você talvez não achasse as fontes tão importantes para os oceanos. Mas agora que conhece esse Mistério da Criação, acho que amará as fontes com a mesma intensidade com que ama o mar, não?

– Sim, senhor. Sem elas, os domínios de nossa mãe maior não existiriam, não é mesmo?

– É sim, meu filho. O maior dos oceanos não despreza a menor das fontes, pois sabe que ela o está alimentando continuamente, e é na existência de muitas e minúsculas fontes que reside toda a sua grandeza marítima.

Saiba que todas as grandezas são sustentadas por coisas tão pequeninas que passam despercebidas à maioria, que não sabe como conhecer o exterior de nosso Divino Criador.

– As grandezas dependem das minúsculas coisas?

– Sim, meu filho. São nas coisas minúsculas que as renovações acontecem, e depois, lentamente, vão transformando as grandes coisas. Mas tudo, por acontecer primeiro nas coisas pequenas, acaba passando despercebido para nós, que somos pequenos também e não vemos as transformações ocorridas nas coisas grandes.

Mas que elas acontecem, isso acontecem!

Sempre que você vir acontecer muitas transformações nas pequenas coisas, e todas ao mesmo tempo, então fique atento, pois grandes transformações logo acontecerão. Desenvolva essa capacidade de conhecer o exterior do Divino Olorum, e de todas as suas criações, que sempre descobrirá as transformações maiores que certamente ocorrerão.

– Foi como aconteceu com minha mãe Estrela Dourada?

– Sim.

– O senhor a transformou?

– Não. Eu estava sendo transformado, e ela também. Mas você e todos os outros infantes também estavam. Aí, formou-se um conjunto de minúsculas transformações, e uma grande transformação aconteceu. Agora você vive em um dos domínios do Divino Oxumaré, onde você descobriu que todos os outros pais e mães maiores estão presentes, visíveis, identificáveis e palpáveis, pois é da união de todos eles que esse domínio do Divino Oxumaré foi formado.

– Isso significa que ele é formado por todos os outros pais e mães maiores?

– Não. Apenas ele comporta em si mesmo qualidades, atributos e atribuições de todos os outros pais e mães maiores, porque é formado por muitas partes, tal como aquela planta, a fonte, o rio, o lago, o oceano, etc.

– Então os domínios de um pai ou mãe maior são um todo, mas porque são formados de muitas partes, que são os outros pais e mães maiores?

– Isso mesmo. Quando você retornar à sua morada nos domínios de mãe maior Iemanjá ou Oxum, observe o exterior do domínio Olorum que neles existe, e sem pressa, descobrirá que todos os outros pais e mães maiores estão lá, mas na forma de partes que formam o todo que cada um daqueles domínios é em si mesmo.

– Olharei isso, papai. Vamos entrar nas águas?

– Vamos.

Muito tempo depois, já havia mostrado a ele a diferença entre as águas. Falei-lhe isto:

– Meu filho, nós somos um todo em nós mesmos.

– Como as plantas, papai?

– Sim. Então, pense sempre assim: meu pai é uma planta ou um todo em si mesmo, que sempre sofre transformações. Por isso o exterior dele pode se alterar e o mesmo acontecerá com você, que é um todo em si mesmo.

– Nós mudaremos?

– Não. Só passaremos por transformações. Hoje você é pequenino e eu sou grande. Mas no futuro você também será grande. Por isso, não se apresse em crescer só para ser igual ao seu pai, pois você será de qualquer jeito.

– Não devo ter pressa de ser como o senhor?

– Não. Viva intensamente esse e todos os momentos de sua vida, pois isso sim o fará ser igual a mim quando você crescer.

– O que é viver intensamente, papai?

– É estar com seus irmãos e irmãs, e brincar com eles e fazer as coisas que vocês, as crianças, gostam. E partilhar das alegrias e tristezas deles, ou partilhar as suas com eles. Não mude o modo que você era antes de adotar-me como pai, pois foi por ser daquele jeito que você me encantou, e encantou o Divino Oxumaré.

– Eu quero ser como o senhor, papai.

– Você viu aquela plantinha perto da outra já grande, e que pedi para descrevê-las para mim?

– Sim, senhor.

– Saiba que a plantinha, que ainda não é igual à maior, sabe que no futuro será tão grande ou até maior. Mas ela não está nem um pouco preocupada em ser igual, e aproveita seu tempo vivendo como uma plantinha.

Ela ainda não dá frutos, e não está preocupada porque sabe que mais adiante, quando crescer, dará tantos frutos quanto sua irmã maior, que já terá envelhecido. Então procure viver o amor de seus irmãozinhos, o carinho de suas mães, e amparado por seus pais e avôs, está bem?

– Os meus irmãozinhos e irmãzinhas disseram-me que sou diferente deles, papai.

– Por quê?

– Porque ganhei do senhor essa serpente do Arco-Íris e porque o senhor me adotou.

–Eles também queriam ser adotados por mim?

– Sim, senhor.
– Vamos fazer uma coisa?
– O quê, papai?
– Vamos pedir ao vovô que guarde essa serpente encantada para você, e quando você desejar ficar com ela, o vovô a chamará para você, e depois a guardará novamente. Aí você dirá aos seus irmãozinhos e irmãzinhas que desejo adotar a todos os que me aceitarem como mais um de seus pais amados.
– O senhor deseja adotar todos eles, papai?
– Desejo sim, meu filho amado. Adotando-os, meu amor de pai se multiplicará por tantos que vibrarei tanto amor por meus filhos, que serei um pai do amor.
– Vou dar minha serpente encantada para o vovô guardar! – exclamou ele, desaparecendo da minha frente.

Acompanhei-o com minha visão superior, e ouvi-o cochichar no ouvido do avô, que sorriu e deu uma ordem àquela pequena serpente do Arco-Íris. E no instante seguinte, todas aquelas crianças foram transportadas e colocadas em volta de mim, ficando a olhar-me ansiosas.

Tomado por uma emoção muito grande, e vibrando amor, amor e amor, adotei-as e abracei e abençoei cada uma delas, sempre derramando lágrimas silenciosas.

Depois foi a vez de ser abraçado e abençoado pelos muitos pais e mães mais antigos, e de abençoar e abraçar os pais e mães pequenos, como eu, e também, e já mais discreto, formei par com todas as jovens que já me "namoravam" a distancia.

Quando tudo aquilo, as ligações, havia se completado e equilibrado, eu transbordava de alegria e irradiava amor por todos os meus sete sentidos capitais.

E para encanto de todos, a serpente que já fazia parte de minha vida projetou-se no espaço e formou por cima do oceano um imenso arco-íris que fazia um portal imenso. Todos admirávamos quando um ancião de longas barbas brancas e uma encantadora matrona surgiram ao longe, e vieram caminhando por cima das ondas.

À medida que se aproximavam, todos se ajoelharam, inclusive as criancinhas.

Aquele par de pais celestiais passou por baixo do imenso arco-íris, e cada um foi para uma das pontas que penetrava no mar e o tornava multicolorido.

Eu via ondas de todas as cores virem se quebrar bem à minha frente. Então vi surgir, em cada ponta do arco-íris, um colossal trono celestial, nos quais se assentaram aquele ancião de longas barbas brancas e aquela matrona encantadora, que no mesmo instante explodiram em luz e cor, ofuscando meus olhos humanos.

Como não via mais nada, subi rápido para minha visão superior, com a qual, sem olhar para eles, eu os via também e já sem me ofuscar.

Então vi meu pai ancião caminhar por sobre as ondas e, após saudar os dois tronos, desdobrar-se em um trono ao lado do trono feminino. E vi outra mãe anciã caminhar por cima das ondas, saudar os três já desdobrados, e desdobrar seu trono ao lado do que estava o ancião de barbas brancas.

E vários outros tatás e babás, que antes eu via só como anciões, caminhavam sobre as ondas e desdobravam seus tronos celestiais, sempre aos pares, mas nunca duas ou dois lados lado a lado. Era sempre um e uma e um e uma, e assim por diante. E quando se assentavam, os pares formavam uma cúpula de luz que cobria um vão que ia se transformando em um imenso túnel multicolorido.

Após o último par desdobrar-se, já sobre as areias, uma luz azul do tamanho de um grão de azeitona surgiu no centro do arco-íris e foi se expandindo, crescendo mesmo! E tanto cresceu que ocupou todo o vão do arco-íris. Depois, no meio daquela luz azul tão densa quanto a faixa preta que envolvia o centro neutro, que já descrevi, bem do meio dela foi saindo o Mistério da vida, a mãe da vida, a divina Iemanjá, tal como eu havia aprendido a idealizá-la e visualizá-la no Ritual de Umbanda Sagrada.

Meu Divino Criador! Eu queria curvar-me e colar minha cabeça na areia, mas estava paralisado por seu encanto divino. Entrei em êxtase, e hoje só me lembro de tê-la ouvido dizer alguma coisa que não ouso revelar, pois é um Mistério só meu, e de mais ninguém.

Eu, ali, de joelhos, aos prantos e paralisado, vi cada um daqueles tronos celestiais irradiar com suas destras e fazer surgir bem à minha frente um cravo e uma rosa para cada um deles e delas. Depois vi quando ela irradiou com as duas mãos e centelhas luminosas pairaram bem à minha frente, e começaram a formar o mais lindo ramalhete de flores que possam imaginar, pois não era humano ou celestial, mas sim divino. Ele pairava bem à minha frente, e ela me disse:

– Você sempre me honrou com floridas oferendas, e encontrou-me com sua fé e seu amor. Receba essas flores, pois hoje me honrou assumindo seu grau de Celestial Pai da Vida, pois só um pai celestial ousa assumir o destino de tantos filhos meus de uma só vez, e inundar a todos e por igual, com o amor paterno que transborda por todos os seus sete sentidos capitais.

Mais algumas coisas me foram ditas, mas algumas só para mim. O que posso dizer é que fui honrado com o grau de pai intermediário e intermediário dela nos domínios do Divino Oxumaré, o Divino Guardião do Amor e da Vida!

Assentei-me no trono que ali surgiu e formei um par com Estrela Dourada do Arco-Íris Celestial, fechando o túnel luminoso. Depois ela se recolheu à densa luz azul, e a luz recolheu-se em si mesma, desaparecendo.

Então o arco-íris deslocou-se e veio ficar por cima de nós dois, emoldurando nossos tronos.

Cada um daqueles pais e mães que formavam pares recolheram seus tronos celestiais em si mesmos e voltaram a ser os anciões e as matronas de antes, e vieram aos pares nos saudar, abençoar e ser abençoados por nós, o novo par de intermediários da Mãe de Vida para o Pai do Amor e da Vida.

Sim, porque o Divino Oxumaré forma par energético com a Divina Oxum e par magnético com a Divina Iemanjá.

Se fosse descrevê-los segundo a mitologia africana, diria que esse é o esposo das duas, pois tem afinidades energéticas com uma e magnéticas com a outra. Mas aí já não estaria em meu campo descritivo, pois me pauto pela ciência divina, e não pela mitologia humana.

Tudo aquilo só terminou quando recolhi em meu íntimo o trono energético onde havia me assentado.

O pai ancião me abraçou e falou:

– Bem-vindo de volta aos seus, intermediário da Vida para os domínios do Arco-Íris!

Olhei-o nos olhos por um instante e perguntei:

– Pai amado, por que o senhor não falou aos domínios do Divino Oxumaré?

– Filho, o arco-íris tem dupla interpretação.

– Quais são elas?

– Uma nos diz que o Divino Oxumaré renova-se através de todos os outros Orixás.

A outra nos diz que todos os outros Orixás se renovam em Oxumaré.

– Por que, Pai?

– Vamos falar simbolicamente, certo?

– Por favor, fale!

– Quando Olorum criou tudo, tudo criou. E ao contemplar sua criação, encantou-se com tudo e a tudo encantou. Mas quando pousou seus divinos olhos no arco-íris, viu que em suas cores estavam seus sete sentidos, suas sete vibrações e suas sete vontades capitais. E viu que enquanto aos outros Orixás ele havia dado só uma cor para distingui-lo, o arco-íris possuía a cor de todos eles.

Então pensou, e seu pensamento deu vida própria ao arco-íris. E, naquele seu pensamento, viu que seu arco-íris estava em todos os Orixás e que todos estavam nele.

Aí amou toda a sua obra, sintetizada no arco-íris, e através dele tornou a vida um ato de amor.

E porque tudo isso pensou Olorum, o arco-íris passou a simbolizar o amor e a vida. E quem passasse embaixo do arco-íris seria ungido com o amor de Olorum e com a vida eterna, pois sua vida seria, a partir daquele momento, um ato de amor.

E todos os Orixás passaram por baixo do arco-íris, pois queriam que suas vidas fossem um ato de amor, pois no amor a vida se regenera.

Só que ao passarem por baixo do arco-íris absorviam suas qualidades divinas, e tornavam-se irradiadores delas, das qualidades divinas!

Assim, de um em um, todos os Orixás tornaram-se irradiadores do arco-íris, e por conseguinte, do amor e da vida. E tornaram-se Mistérios em si mesmos.

Olorum, vendo que sua criação havia se dividido em várias partes, não aprovou, e vendo que uma serpente passava por baixo do arco-íris, porque ela, a mais temida das criaturas, também queria ser portadora do amor e da vida, recolheu nela seu arco-íris encantado e sentenciou:

– Só quem conseguir possuir a encantada serpente do Arco-Íris possuirá em si mesmo o amor e a vida. E quem possuí-la, jamais envelhecerá, pois no amor renovará sua vida, sua vida será um ato de amor.

Só que nenhum Orixá ousou aproximar-se daquela serpente encantada, pois temiam cair sob o seu encanto, que era o próprio encanto do amor e da vida.

Com o tempo foram envelhecendo. Obaluaiê, Nanã, Obá, Omolu, Oxalá, e mais alguns envelheceram tanto que se tornaram anciões. Os outros, já adultos, e caminhando para a anciência, pensaram: precisamos encontrar alguém que possua essa serpente encantada para que assim, domesticada, cada um de nós a possua e nos renovemos, senão caminharemos para a anciência.

Procuraram por todo o universo, e descobriram um Trono da Geração que era autossuficiente em si, e gerava a vida sem ter de recorrer a mais ninguém.

Tanto lhe falaram da serpente encantada que o convenceram a recolher em si mesmo seu Mistério, e ir possuí-la.

Após observá-la muito bem, viu que todos os Orixás a temiam, pois se a possuíssem, seriam possuídos por ela. Mas ele, que era autossuficiente em si, viu na posse dela a oportunidade única de tornar sua geração em um ato de amor, e fazer do amor um ato da vida, que ele gerava.

– Perfeito! Até parece que o Divino Olorum guardou essa serpente encantada com o Mistério do Arco-Íris para mim! – exclamou ele, que mais que depressa a tomou para si e a possuiu. Mas o assédio dos outros Orixás foi tão grande que ele fugiu para uma dimensão inabitada, conhecida como dimensão humana.

E nele começou a gerar muitas serpentes, mas nenhuma seria como a encantada do Arco-Íris, pois ele pretendia negociá-las com os outros Orixás.

As serpentes que ele gerava eram bravas, venenosas, perigosas, intratáveis mesmo. E tantas ele gerou que povoou a face da terra com perigosíssimas serpentes.

Muito triste com sua obra nefasta, retornou para a dimensão onde viviam os outros Orixás e lhes ofereceu sua serpente encantada. Mas eles, sabedores do monumental fracasso do Trono da Geração que havia possuído a serpente encantada, se afastaram dele rapidamente, pois não a queriam mais, já que ela havia se tornado geradora, pois havia absorvido os Mistérios daquele trono, que era autossuficiente em si mesmo.

Ele voltou à dimensão humana e meditou, meditou e meditou. Então, tendo concluído que não podia gerar mais, pois só geraria serpentes perigosas, optou por gerar o sono, e adormeceu em si mesmo por eras e eras. E o mesmo aconteceu com sua serpente encantada.

Tanto tempo se passou que todos se esqueceram dele, e dele ninguém mais se lembrava. E por não se lembrar dele, uma ninfa da vida que passeava onde ele dormia, não o reconhecendo, apaixonou-se porque ele era jovem e bonito, e o possuiu enquanto dormia.

Só que ao possuí-lo, ela também possuiu seu Mistério de gerar em si mesma, e ali mesmo começou a gerar vidas, que ela chamou de humanas. E ela gerou tantas vidas humanas que o espaço ficou pequeno para elas e as serpentes venenosas geradas por ele.

Uma luta de vida ou morte teve início entre os humanos e as serpentes, que sempre que podiam matavam-se uns aos outros.

A serpente encantada, vendo que também ela podia ser morta naquela luta, tratou logo de esconder-se e afastou-se do trono que ainda dormia, pois havia gerado o sono em si e para si mesma.

Como havia parado de gerar suas serpentes, os humanos que continuavam a ser gerados começaram a vencer aquela luta, e a criar vastos campos livres das ameaçadoras inimigas mortais, que fugiam e ocultavam-se para não ser mortas.

E tanto se multiplicaram os humanos que atraíram a atenção dos outros Orixás, que acabaram descobrindo que o Trono da Geração dormia em si mesmo e já não oferecia perigo algum. Então cada um possuiu dele o que desejava, e passaram a gerar o que dele haviam tirado.

Um passou a gerar a justiça, outro a Lei, outro a fé, etc. E através de suas gerações têm se renovado até hoje, e se renovarão para todo o sempre.

Só que, sem eles saberem, o que haviam tirado daquele trono vinha com o encanto colocado por Olorum em sua serpente encantada. E eles geraram as outras qualidades do arco-íris, e todas as suas renovações as traziam adormecidas em si mesmos.

Tanto pensaram que acharam uma solução: enviemos algumas de nossas renovações à dimensão humana, e lá, despertaremos essas qualidades divinas adormecidas em nossas renovações.

E quando conseguiam despertar alguma em uma de suas renovações, surgia um Ogum da Justiça, um Xangô da Fé, uma Oxum da Lei, uma Iansã do Amor, etc.

Enfim, surgiram Orixás renovados, que além de trazerem em si as qualidades de seus ancestrais, tinham despertado em si alguma outra qualidade divina do Divino Olorum. Esses são os Orixás intermediários.

E estes, precisando renovar-se também, descobriram que os humanos traziam todas as qualidades do Arco-Íris Divino, e que, se as despertassem neles, daí em diante se renovariam tanto que não mais se preocupariam com a anciência.

Sim, porque todos poderiam se renovar em um único humano!

Os Orixás intermediários tentaram apossar-se da coroa dos humanos, mas descobriram que nelas estava adormecida uma semente encantada, que tanto os mantinha ligados ao Trono da Geração quanto às qualidades divinas do arco-íris, que são as de Olorum.

Então deixaram a coroa para seus ancestrais originais e trataram de despertar os sentidos, pois através deles todas as qualidades divinas fluiriam.

Os humanos começaram a ser despertados, mas como todos descendiam daquele trono da geração, se começavam a vibrar o amor, também vibravam o ódio. Se vibravam a fé, também vibravam a descrença.

E um novo embate teve início!

Ou anulavam aquelas qualidades negativas nos humanos, ou não poderiam renovar-se, senão suas renovações através dos sentidos, por serem duais, acabariam por deformá-los e desfigurá-los.

E essa tem sido a luta dos Orixás intermediários até hoje. E quando encontram um humano que conserva as qualidades daquele adormecido trono da geração, e as do arco-íris, então se aproximam dele e o ajudam a dominar o veneno que trazem em si e que se manifesta como mortal aos outros humanos.

Mas há algo que desperta uma atenção ainda maior nos Orixás intermediários: são os primeiros filhos e filhas da ninfa, gerados quando da possessão direta do adormecido Trono da Geração!

Eles, por ser descendentes direto tanto do trono quanto da ninfa, trazem em si tanto as qualidades dele quanto dela. E se devidamente instruídos, conseguem manifestá-las continuamente que nunca se esgotam. E, fenômeno dos fenômenos: externamente, quanto mais velhos são, mais jovens se parecem. E internamente, quanto mais jovens são, mais velhos se mostram.

É um paradoxo, mas se são assim é porque as qualidades do trono e da ninfa se fundiram, e se um descendente direto vibrar o amor, começará a gerar vida, se vibrar a fé, começará a gerar religiosidade. Se vibrar o saber, começará a gerar conhecimento.

E caso se exaltem e comecem a vibrar o ódio a alguém ou alguma coisa, geram o antídoto ao ódio que estão vibrando. E se assim são, é porque quando eram picados pelas serpentes, imediatamente começavam a gerar o antídoto que anulava o veneno que absorviam.

Só que esse veneno absorvido foi armazenado em seus polos negativos, e quando desejam, eles o irradiam, e quem for atingido por ele com certeza morrerá, pois ele traz em si a autogeração e vai aumentando dentro de quem o absorveu, ou foi envenenado. Se não for um dos descendentes diretos, com certeza logo começará a definhar, e morrerá em todos os sentidos, ou no que foi atingido.

Tudo depende do desejo vibrado quando de sua inoculação em sua vítima. Se o desejo foi de paralisá-lo totalmente, é morte completa, mas se foi só de paralisá-lo em um dos sete sentidos capitais, a morte será parcial.

Mas com eles acontece outro fenômeno: se são magoados em algum sentido, começam a gerar um antídoto contra a mágoa, que em vez de anular a mágoa anula neles o próprio sentido magoado, que adormece logo, tal como aconteceu com o trono adormecido que os gerou. Mas caso se sintam felizes e gratificados em um sentido, aí passam a gerar tanto nesse sentido que, ou alguém os avisa que estão ultrapassando seus limites humanos, ou acabarão por alcançar níveis tão amplos que ultrapassam os níveis dos Orixás ancestrais, pais dos intermediários.

E quando isso acontece, então os Orixás ancestrais apossam-se deles, pois veem neles fontes inesgotáveis de renovações, já que trazem em si mesmos tanto as qualidades do Trono da Geração quanto da Ninfa da Vida. E eles, que conhecem a origem de ambos, sabem como possuir esses descendentes diretos sem ser possuídos, pois sabem como manipulá-los, estimulá-los ou adormecê-los, já que eles possuíram partes do Trono da Geração adormecido.

Esses descendentes, quando ultrapassam o nível dos intermediários e alcançam o nível dos ancestrais, daí em diante passam a ser desejados com tanta intensidade pelos ancestrais que, ou cedem aos desejos deles e os transformam em suas próprias vontades, ou são desequilibrados exatamente na parte que o ancestral que o está desejando extraiu do trono adormecido.

Os descendentes mais espertos não opõem resistência aos desejos dos ancestrais, eles os absorvem e os transmutam em sua vontade, e a partir daí passam a manifestar qualidades pertencentes só aos ancestrais.

Se só um ou outro ancestral o desejou, tudo bem, pois uma hora manifestará os desejos do que o desejou e nas outras manifestará seus próprios desejos.

Porém, se todos o desejaram, então daí em diante já não manifestará seus próprios desejos, pois todas as horas de seu dia estará manifestando em suas vontades os desejos de todos os ancestrais.

E, ou se assenta em um lugar onde todos eles possam vê-lo o tempo todo, ou na hora do ancestral que não o está vendo entrará em desequilíbrio emocional, pois será procurado enquanto durar aquela hora. E se não for encontrado antes de aquela hora terminar, no sentido dominado pelo ancestral que nela se manifesta, paz não terá até que volte a ser visível novamente na hora dele.

Alguns descendentes descobriram isso logo, e astutamente se consagraram a um dos ancestrais, que o possuiu todo, e só para si, e daí em diante passaram a servi-lo na hora regida por seu senhor, e nas outras, usando dos poderes de seu senhor, adentram nas horas regidas pelos outros ancestrais por livre e espontânea vontade, e aí dão vazão aos próprios desejos, realizando a si mesmos. E só voltam a ser regidos por seus senhores nas horas deles.

Já os mais tolos dos descendentes diretos do trono e da ninfa, por não desconfiarem que perderão o direito de externarem seus próprios desejos, deixam-se possuir por todos os ancestrais, e aí todas as horas de seus dias estarão manifestando os desejos dos ancestrais que dominam todas as horas de todos os dias de sua vida.

Os espertos, ao se entregarem a um só ancestral, são tentados pelos senhores da noite, pois se tentarem possuí-lo, suas horas na noite se tornarão luminosas. Mas eles, por serem espertos, não se entregam e atormentam os senhores das horas da noite, que vivem a desejá-los, mas não conseguem possuí-los.

Já os tolos, não tendo para si mesmos nenhuma hora dos dias de suas vidas, tentam realizar seus próprios desejos durante as noites de suas vidas. E por serem tolos, são presas fáceis dos astutos senhores das horas da noite, que, se lhe permitem a realização de seus desejos, os usam para tornar as suas escuras horas em radiantes vivenciações das benesses do dia.

E com isso, por serem tolos, são os mais desejados dos descendentes diretos do Trono da Geração e da Ninfa da Vida.

Mas saiba que porque os senhores das horas da noite são opostos em tudo aos senhores das horas do dia, estes ainda os induzem a entregarem-se aos senhores da noite, pois assim, enquanto iluminam as horas da noite regidas por eles, aproveitam para ver se não há algum de seus descendentes aprisionado nos domínios dos senhores das horas da noite.

Se não veem, tudo bem.

Mas, se veem, então manifestam o desejo de tê-lo de volta, e se esse desejo se transforma em uma vontade do descendente direto, que começa a desejar levar para seu senhor da hora do dia, quem está aprisionado nos domínios da hora oposta da noite dali não sai enquanto não realizam aquele desejo, transformando-o em uma de suas vontades.

Então um caos se estabelece na hora daquele senhor da noite, pois está retendo em seus domínios alguém que é desejado tanto pelos senhores das outras horas da noite como pelos senhores das horas do dia.

Então aquele senhor da noite sofre todo tipo de ameaças aos outros senhores da noite, e algumas são fatais, e sofre recriminações de todos os senhores do dia, algumas ameaçadoras. Sim, porque se um senhor de uma hora do dia resolve descer pessoalmente para libertar o descendente aprisionado em seus domínios, descerá com todas as suas hierarquias, e aí o choque torna-se mortal, pois um dos dois perecerá. E quase sempre é o senhor da hora da noite, pois sua escuridão não resiste ao esplendor irradiante do seu oposto na hora do dia.

Alguns dos descendentes espertos já arranjaram grandes encrencas para os senhores das horas da noite, pois simulavam um aprisionamento e levavam seus senhores nas horas do dia a descerem aos domínios dos senhores da noite. Mas os que assim procederam foram descobertos logo e daí em diante não tiveram paz, pois seus senhores vibravam uma repulsa tão intensa por eles que só lhes restou ocultarem-se nos domínios dos senhores das horas da noite, aos quais se entregaram, pois só assim teriam um pouco de paz, pois a repulsa vibrada como um desejo por seus senhores na luz os fez gerar um antídoto que afastou a luz de suas vidas e os faz odiarem-na ou dela fugir assim que sentem sua aproximação.

Os senhores das horas da noite, que são os senhores de todas as astúcias, têm nesses espertos que a eles se entregam seus melhores auxiliares, pois os usam intensamente, já que, por trazerem em si a geração e a autorregeneração, são inesgotáveis em suas capacidades de gerar mais escuridão na vida de seus irmãos humanos, e com isso aumentarem a influência dos senhores da noite na dimensão humana da vida.

Mas, em contrapartida, os senhores das horas do dia, que se não são astutos, no entanto são sábios, irradiam nos descendentes diretos tolos o desejo de libertar todos os humanos da escuridão. E os tolos, porque foram induzidos a também se entregaram aos senhores das horas da noite, quando estão nelas, manifestam uma imensa vontade de libertarem todos os humanos da escuridão.

E aí, ou os senhores da noite os liberam ou estarão encrencados, pois os tolos só estão manifestando em suas inabaláveis vontades um desejo dos senhores dos dias de sua vida, serão protegidos por eles caso algo de mais grave venha a ameaçá-los nos domínios dos senhores das horas da noite, e das noites de sua vida.

E os próprios senhores da noite, que sabem disso, libertam da escuridão os espíritos humanos desejados pelos senhores das horas do dia. E porque são astutos, voltam a ativar nos espertos que possuíram só para si mesmos o desejo de escurecerem novamente a vida dos humanos arrancados de seus domínios.

Então os senhores das horas do dia, que são sábios, manifestam nos descendentes tolos o desejo de que querem ver todos os humanos transformados em geradores de luz, e isso se transforma em uma vontade deles a ser concretizada na mente de todos os seres humanos.

E assim, nesse embate entre a astúcia e o saber, os humanos vão aprendendo e evoluindo. Mas uns tornam-se sábios e outros só espertos.

Os primeiros tratam de aquietar seus emocionais e assentarem-se nos domínios dos senhores das horas do dia. Mas os segundos, por serem os espertos, reiniciam o embate, já em níveis inferiores ou nos níveis regidos pelos Orixás intermediários, que, por serem os descendentes diretos dos ancestrais senhores das horas do dia, também transformam os desejos de seus senhores em suas vontades inabaláveis.

Mas os astutos senhores das horas da noite também têm seus descendentes assentados nos níveis intermediários das horas da noite.

E tudo se repete nos níveis intermediários, onde cada um dos Orixás intermediários tem um oposto em tudo, que rege o nível escuro oposto.

Então os astutos senhores das horas da noite costumam atuar contra os Orixás intermediários, não seus opostos nos níveis das horas da noite, mas sim os espertos descendentes do adormecido Trono da Geração e da ninfa que os gerou, pois assim preservam seus intermediários. E choques começam a acontecer entre duas forças que não são opostas, mas diferentes, pois a dos Orixás intermediários é encantada, e a dos espertos da noite são todas as forças da noite que conseguirem gerar.

E uma luta desequilibrada em favor desses espertos da noite, pois os Orixás intermediários só atuam nos minutos do dia dos humanos, enquanto eles podem atuar em todos os minutos, menos no do dia da vida dos serem humanos caídos sob seus domínios geradores de escuridão.

Só naquele minuto regido por um Orixá intermediário alguma coisa pode ser feita no sentido de anular a escuridão da vida de um humano. E a maioria o desperdiça, pois se habituou tanto em viver na escuridão que, quando vivencia aquele minuto luminoso, não o entende, porque a seguir voltou a viver na escuridão, e começa a acumular uma inexplicável mágoa contra os regentes da luz, pois acreditam que depende deles, e não de si mesmos, transformar aquele choro fugaz em um êxtase eterno.

Os Orixás intermediários, que se saíram aos seus pais, e também são sábios, recorrem aos tolos descendentes do trono e da ninfa, e despertam neles a vontade de ajudarem seus irmãos humanos.

Só que há um risco muito grande nessa ativação da vontade deles, pois aí acontece o inverso do que acontece quando seus pais, os ancestrais, agem sobre os descendentes diretos: com eles os desejos se transformam em vontades, mas com os intermediários as vontades transformam-se em desejos.

O risco consiste nisto: a vontade é um sentimento puro, mas o desejo é dualista, pois traz em si uma dupla forma de manifestar-se. Ele tanto pode manifestar-se como amor ou paixão, como rigor ou crueldade, com o auxílio ou punição, como generosidade ou egoísmo, etc.

E aí, um descendente direto, que nas horas de sua vida é generoso, nos minutos dela pode ser egoísta!

E mesmo que isso não aconteça em todos os minutos de sua vida, no entanto naquele específico, com certeza será egoísta. E se naquele exato minuto um seu irmão humano tiver a própria vida dependendo unicamente da generosidade de seu irmão ancestral, certamente morrerá, pois este lhe negará a própria vida, ainda que no minuto seguinte venha a arrepender-se, e sofrer por muito tempo ou para sempre, pois nas horas de sua vida era gerador de vida.

Enfim, é muito delicado e perigoso para os intermediários quando estão ativando uma vontade em um descendente direto do Trono da Geração e da Ninfa da Vida. Por isso preferem ativá-las quando eles estão em algum lugar lugar que é compartilhado por todos os senhores das horas do dia. Só assim o desejo que eles vibrarão dali em diante será positivo tanto para eles quanto por todos os que vierem a ser alcançados por suas irradiações, pois passarão a vibrar o mesmo desejo positivo que o do descendente que os vibrou.

O pai ancião calou-se e enxugou as lágrimas que corriam de seus olhos. Depois, ofereceu-me seu lenço para que eu enxugasse minhas faces, encharcadas pelas lágrimas silenciosas que já havia derramado.

Eu as enxuguei, mas não adiantou muito, pois no instante seguinte meu rosto estava todo molhado!

Então, contendo um choro inconsolável, perguntei-lhe:

– Quem são os descendentes diretos do Trono da Geração e da Ninfa da Vida que o senhor chama de tolos e de espertos?

– Antes me responda se nos minutos de sua vida, quando as vontades manifestaram-se como desejos positivos, os gozos fugazes foram gratificantes.

– Pai, desejo chorar logo!

– Antes me responda isso, meu filho.

– Pai!!!

– Por favor, meu filho amado. Eu abençoei todos aqueles minutos de sua vida com a concordância expressa de todos os seus pais e mães intermediários nos minutos do dia, e sob a visão direta de todos os ancestrais senhores das horas dos dias de sua vida!

– Pai, não estou suportando essa angústia! Quais são os tolos e os espertos?

– Você quer escurecer todos os minutos de sua vida, e todas as horas dela, e ela mesma?

– Pai...

– Por favor, meu filho amado! Responda antes à minha pergunta! Em nome de seu Divino Criador, responda-me se foram satisfatórios ou não! Só isso quero que você responda! Diga apenas sim ou não, e nada mais precisará dizer ou lhe será perguntado por todos os senhores de seus minutos, de suas horas ou mesmo de sua vida!

Eu olhei no rosto de todos aqueles pais e mães intermediários ali reunidos à minha volta. E todos os pais e mães intermediários estavam ali. Depois olhei para além deles e vi em volta e acima deles todos os pais e mães ancestrais. E distendendo ainda mais minha visão, vislumbrei a presença onipotente de meu Divino Criador, pois vê-lo é impossível. E vi que todos vertiam lágrimas silenciosas, e aguardavam meu sim ou não, minha luz ou minha escuridão, minha imortalidade ou minha morte!

Meu ser era só dor, meus sentimentos era só tristeza, minhas lágrimas eram só vergonha, e meu rosto era arrependimento.

– Vamos, meu filho. Olhando em nossos olhos, diga sim ou não, e nada mais! Só isso, está bem?

Eu respondi sim, que aqueles minutos haviam sigo gozos fugazes, mas que eu havia desejado que perdurassem por toda a eternidade, e que se repetissem muitas vezes, em todos os minutos de minha vida, e que transformassem todas as dores em êxtases imortais, etc.

E quando respondi sim, o choro explodiu de meu peito e de meus olhos jorraram tantas lágrimas que nada eu via à minha frente senão minhas próprias lágrimas. E foi aos prantos que o ouvi responder à minha pergunta:

– Os tolos, dos quais lhe falei, são os mansos descendentes do trono adormecido e da ninfa. Os espertos são os que renegam a vida e transformam o amor em um ato mortal.

– Pai, ainda não respondeu à minha pergunta!

– Os mansos descendentes são vistos como manifestações do Divino Oxumaré e da Divina Mãe da Vida, por isso, quando são vistos por seus irmãos mais novos, são vistos como portadores dos Mistérios desses dois Orixás, que tolamente interpretam como se fossem andróginos portadores de uma dupla sexualidade. Já os espertos são vistos como a serpente negra, tão reluzente e tão mortal.

Os mansos encantam a serpente encantada do Arco-Íris.

Os espertos são fascinados pela escuridão da serpente negra.

– Pai... por que se demora em responder-me?

– Porque você, que é um manso, está começando a gerar energias que o paralisarão e o adormecerão. E eu não quero que isso aconteça com você, meu filho. Não depois de ter se assentado, por méritos próprios, no trono energético que um dia, em um passado remoto, foi ocupado pelo trono adormecido.

– Por que fez isso comigo, pai amado?

– Porque você já foi possuído por todos os senhores das horas do dia e resistiu a todas as investidas dos senhores das horas da noite, aos quais criou em si mesmo tantos antídotos que se eles tentarem possuí-lo contra sua vontade você os envenenará, e os paralisará, pois aos seus irmãos diretos você já está matando, só lhe bastando não simpatizar com eles. Ou eu fazia isso contigo, ou você acabaria invadindo os domínios deles e em um mortífero trono da morte se tornaria por toda a eternidade.

– Pai, eu absorvi o trono energético que pertencia ao meu pai da geração?

– Sim, meu filho. Olhe-se e verá que já é algo natural em você a geração de energias, e que são geradas em enormes quantidades nos minutos e nas horas que mais lhe agradaram.

– Isso que estou sentindo em alguns de meus sentidos já é o efeito do trono energético que absorvi?

– Sim, meu filho. Eles sustentarão tantas ligações quanto a Lei quiser ou você desejar porque você já é em si mesmo um Trono da Geração.

– Quantos outros iguais a mim já existem?

– Nenhum. Todos os seus irmãos ancestrais não suportaram as tentações dos senhores das horas da noite e sucumbiram nos instantes finais de suas renovações.

– Meus irmãos ancestrais são aqueles que libertei da prisão cristalina?

– São eles sim, meu filho amado. Mas nenhum voltará a tentar apossar-se do trono energético da geração, pois você já o absorveu e terminou com uma luta fraterna ancestral. O máximo que seus irmãos ancestrais tentarão fazer será induzi-lo ao sono, pois aí sua serpente encantada se ocultará da vista de todos e o trono energético voltará ao lugar que estava antes de você absorvê-lo.

– Pai, a areia que eu pisava no meio neutro era essa aqui, que piso agora?

– Sim, meu filho.

– As pedras coloridas que eu sentia e estudava com minha percepção são essas que vejo espalhadas por essas areias?

– Sim, são elas mesmas, meu filho.

– Se são, então onde está o ônix, que não vi quando aqui retornei?

– Ele está no lado de baixo desse lugar, pois quando você o recusou, ele perdeu a única razão que o sustentava aqui nesse lugar: você!

– Pai, se tudo é assim, então por que tive de sofrer tanta dor para sair do meio neutro?

– Você vivenciou conscientemente a dor que inconscientemente sentem todos os que nascem para uma nova vida.

Aquela dor é a que vivenciam todos os filhos quando saem do útero da mãe, rumo à luz da vida. Eles vão sentindo rasgos, cortes, perfurações, e quando finalmente alcançam a luz, estão doloridos e cobertos de sangue da cabeça aos pés. Urram de dor, pois instintivamente percebem que o cordão umbilical que os une às suas mães será cortado, e depois passarão a viver em si mesmos.

O cordão umbilical que o unia à Ninfa da Vida foi cortado, meu filho. Daquele momento em diante você passou a viver por si mesmo, e portou-se com tanta dignidade que sua mãe ancestral o viu como o herdeiro natural de seu pai ancestral, que é o adormecido trono da geração.

– Tornei-me igual ao meu adormecido pai?

– Só em parte, já que você não possuiu a serpente encantada do Arco-Íris.

– Obrigado pelas explicações, pai amado. Eu o saúdo e reverencio, e faço o mesmo com todos os pais e mães que me honram com suas atenções e silêncio; também saúdo e reverencio todos os pais e mães ancestrais, que têm me honrado com suas presenças em minha vida.

Peço licença a todos, pois preciso caminhar e refletir!

– Para onde você irá, filho amado?

– Não sei. Só vou caminhar e refletir.

– Recolha o arco-íris celestial, meu filho. Ele não pode ficar desdobrado!

– Não quero a serpente junto de meu corpo.

– Por que não? Ela traz em si os poderes divinos dos ancestrais da luz, e você poderá ordenar-lhe que imediatamente será atendido.

– A tentação é muito grande, meu pai. Que ela permaneça desdobrada, e não volte a tentar a mais nenhum dos meus irmãos ancestrais!

Vou despedir-me de Estrela Dourada do Arco-íris e partir. Com sua licença!

Ajoelhei-me diante de todos os pais e mães intermediários, saudei-os e pedi suas bênçãos. Depois cruzei o arco-íris para despedir-me de Estrela, e partir.

Eu não percebi nada, mas quando passei por baixo dele, simplesmente ele penetrou em minha coroa e alojou-se em meu íntimo, desaparecendo da vista de todos aqueles meus pais e mães intermediários, que se ajoelharam e disseram:

– Dê-nos sua bênção, tatá Guardião Celestial dos Mistérios da Geração e da Vida! O Divino Oxumaré acabou de renovar-se no mais manso de seus herdeiros naturais!

Ajoelhei-me também, aguardando aquela bênção, mas eles tornaram a clamar por ela, uma, duas, três vezes.

– Dê-lhes sua bênção, amado – sugeriu-me Estrela.

– Eu? Por quê?

– O Divino Oxumaré renovou-se em você.
– Em mim?
– Sim. Você não percebeu quando ele o possuiu?
– Ele me possuiu?
– Sim. Agora você é um encantado dele, e ele se renovará através de seus sentidos, que o manifestarão.
– Incrível!!! Quando isso aconteceu?
– Quando você passou por baixo do arco-íris, ele se recolheu em você através de sua coroa.

Assustado, olhei para o alto e não vi o arco-íris. Pensei que a serpente estava em cima de minha cabeça, mas não estava. Olhei para ver se estava novamente enrolada em meu tórax, mas não estava. Só que, ao procurá-la em mim, vi que minha veste branca havia desaparecido, e estava nu.

Então senti que ele já estava desdobrando-se em meu íntimo, e em um piscar de olhos explodiu através de meus sentidos, que passaram a irradiá-lo tão intensamente que não vi a mim mesmo quando voltei a olhar-me novamente.

Subi à visão percepcional e consegui ver-me. Mas o que vi em mim assustou-me, pois eu já não era como antes. Muitas coisas haviam mudado naquela fração de segundo. Dei a bênção que solicitaram e caminhei, caminhei e caminhei!

Em dado momento, pensei: se recolhi em meu íntimo todos aqueles Mistérios, posso recolher esse arco-íris!

Pouco a pouco o recolhi, e voltei a me ver com minha visão humana. E o que vi em mim assustou-me muito mais, pois me tornara irreconhecível a mim mesmo. E eu já não me reconhecia, o que diriam todos se lhes dissesse que era o mesmo de antes?

Calei-me e voltei a caminhar em silêncio, até que optei por ocultar-me de todos os meus conhecidos. Mas para onde ir?

– Bom, se tudo está distribuído em paralelas, ao lado dessa dimensão existe outra. É só irradiar com as mãos, abrir uma passagem e ocultar-me nela até que seja esquecido por todos os que me conheciam. Depois voltarei e passarei despercebido!

Só que do outro lado não havia claridade alguma.

Optei por fechá-la e abrir outra em outra direção, que também se mostrou escura!

E todas as tentativas desembocaram em dimensões escuras. Desisti das passagens e mentalizei um ponto existente na dimensão humana, ao qual me liguei mentalmente e projetei-me, indo parar nele à velocidade da luz.

Plasmei uma veste humana que cobria meu corpo novamente, e pensei: agora posso ficar sossegado porque ninguém me recolherá ou perguntará algo que me constranja por causa dessas mudanças tão acentuadas.

Acreditando-me oculto, caminhei sem rumo por muito tempo, até que cheguei a um lugar habitado por pessoas humildes e simples no falar e comportarem-se.

– Ótimo! Aqui está muito bom para aquietar meu emocional e esquecer tudo o que vivenciei naquela dimensão extra-humana. Os espíritos humanos que por aqui vagam, não sabendo sobre a existência dela, nem acreditariam se eu lhes contasse o que havia vivenciado.

Observei aquela cidadezinha, seus habitantes e os espíritos que também encontravam nela muitas afinidades.

Com o tempo, aproximei-me de alguns. Mas só depois de estudá-los com minha nova visão, pois bastava-me fixá-la em alguém para depois começar a identificá-lo totalmente.

Amizades sólidas surgiram, e fui convidado a uma reunião onde seríamos apresentados a um espírito visitante. Mas, para surpresa minha, ele não era outro senão o Guardião Cristalino que guardava o meio neutro, de tão dolorida memória.

Ele não me reconheceu, e aquietei-me em todos os sentidos, à espera dos acontecimentos.

Em poucos minutos ele expôs tudo o que tinha a transmitir a nós, e ficou no aguardo de nossas reações. Vários aceitaram o que ele oferecia. Eu fui um deles!

Dali seguimos para uma morada espiritual modesta mas muito confortável, à qual nos agregamos. E começamos a ser instruídos, pois ainda éramos espíritos pouco "espiritualizados"; eu, sempre calado, a tudo ouvi e nada comentava, só para não chamar a atenção de ninguém. Ali permaneceria se não tivesse visto chegar alguns mestres anciões, que identifiquei como meus irmãos "mansos".

Desdobrei minha audição superior e ouvi quando lhe perguntaram:

– Irmão Guardião Cristalino, viemos para ajudá-lo no combate a essa imensa mancha escura que se alojou embaixo dessa morada.

– Mestres anciões, não sei explicar o surgimento dela nesse plano espiritual positivo. Jamais vi algo semelhante. Ou melhor, já vi, mas pertencia a um Mistério irrevelável. La existia uma mancha tão impenetrável a todas as visões, e em dado momento ela desapareceu, assim como tudo o que ocultava, só deixando uma areia à beira-mar.

– Você nunca penetrou naquela mancha?

– Era proibido. E todos que tentaram retornaram tão ferido que se tornavam irreconhecíveis.

– É o preço que pagaram por desafiarem a Lei, Guardião. Não se entristeça com essas recordações. Nós vamos mentalizar um mantra sagrado e devolver às trevas mais profundas tanto essa mancha quanto o ser que conseguiu essa proeza, pois ele é um fenômeno inimaginado até por nós, os magos do Arco-Íris.

– Agradeço terem atendido ao meu pedido de socorro.

Imediatamente, lembrei-me de que meu pai ancião havia dito que o ônix havia se deslocado para baixo e se alojava debaixo de meus pés.

Eu era o responsável por aquela assustadora e impenetrável mancha escura alojada debaixo daquela morada espiritual.

Quando eles iniciaram a mentalização, imediatamente fui envolvido por um fluxo energético multicolorido que tentava me enviar para alguma faixa negativa. Eu poderia opor resistência, pois possuía em mim mesmo energias superiores aquelas. Mas julguei que era uma ameaça àquela morada, e deixei-me conduzir pacificamente por aquele fluxo, que me lançou em um imenso vazio, conduzindo-me até alguma esfera negativa.

No instante seguinte, já em um lugar totalmente escuro, ainda ouvi um dos magos dizer: "E que tu, ser das trevas, aí permaneça por toda a eternidade!".

– Que assim seja! – selaram os outros magos do Arco-Íris, todos meus ancestrais irmãos "mansos".

– Se os mansos são assim, então como serão os não mansos! – exclamei, muito triste. A seguir, recorri à visão superior e vi que a mancha escura realmente estava embaixo de mim.

Contemplei-a por séculos e séculos antes de decidir qual iniciativa tomaria para anulá-la. No final, optei pela mais temerária: mergulhar nela e desvendar seu Mistério interno, já que só dominando-o, anularia seu corpo exterior.

Sabia que corria o risco de ser puxado por aquele cinturão cristalino cortante. Mas também havia me lembrado de que o arco-íris encantado vivia dentro de mim. Mentalizei-o forte e ordenei:

– Conduza-me até o ônix que está dentro dessa mancha escura, arco-íris encantado!

No instante seguinte, senti-me uma serpente rastejando, ou melhor, deslizando sobre os cortantes cacos de cristais.

Devo ter rastejado durante décadas até alcançar aquele monólito de ônix e voltar à minha forma "humana".

Assentei-me diante dele e comecei a estudá-lo atentamente. Só sairia dali quando desvendasse seu Mistério.

Ali não existia o tempo como na dimensão humana, e acho que fiquei estudando-o durante alguns milhões de anos. Pois sempre que penetrava em uma camada interior, outra existia para ser penetrada. E não conseguia penetrá-la antes de dominar mentalmente aquela que havia penetrado.

De camada, ou cinturão após cinturão, fui penetrando, e dominando mentalmente seu Mistério. E quando alcancei seu centro neutro, meus tímpanos quase explodiram, de tantos clamores e gritos de dor que ouvia.

Após o choque inicial, procurei estudar a razão de tanto sofrimento, e não demorou menos de dez milênios até que conseguisse isolar um dos pontos que irradiava dor, dor e dor. E após envolvê-lo mentalmente, retirei-o daquele meio escuro, pois o ônix era como era porque seu interior se irradiava em círculos, totalmente diferente de todas as outras pedras, que irradiavam raios, tal como o sol.

Mas ele era totalmente diferente. Sua irradiação processava-se como quando ativamos uma pedra no centro de um lago: círculos concêntricos vão crescendo até perderem a força ou alcançarem as margens, que os desfaziam.

Só que, no caso dele, os círculos se irradiam e depois se contraem, trazendo para seu centro tudo o que for alcançado pelas irradiações circulares.

Estudei-as e senti que passavam por meu corpo energético, que trazia em si as irradiações e o magnetismo das outras pedras. Por isso elas não me arrastavam para aquele centro.

– Elas são como as ondas do mar! – exclamei eufórico. – Tanto podem conduzir em suas ondas como, no refluir, podem aprisionar e arrastar para aquele interior tudo o que tragarem!

Então me recordei de como eram as ondas do mar e lembrei-me como, ao virem para a praia, iam derrubando os banhistas que as peitavam, e como puxavam com tanta força no refluxo.

– Eis outro Mistério a ser desvendado! – exclamei eufórico. – Santo Deus, que Mistérios o senhor deseja que esse seu filho descubra? Meu pai amado, por que tudo isso está sendo revelado a mim? Por quê, pai amado?

E obtive uma resposta:

"Porque você foi o único filho de Umbanda que, mesmo tendo sido confrontado por seus irmãos ancestrais caídos nas trevas, no entanto amou meus servos diretos assentados nas esferas cósmicas, de onde regem todos os que se ofuscam com a luz dos Orixás celestiais e se perdem nos desvãos de suas longas jornadas."

– Pai amado, diga que não estou sofrendo de alucinações, meu pai.

"Filho, meu bendito filho! Em um dia de sua vida, quando você também acreditava estar ouvindo a si mesmo, era eu, seu Criador, que lhe falava o tempo todo durante todo o tempo. E várias vezes eu lhe disse que o absorveria e aí tudo lhe revelaria, não disse?"

– Pai amado, isso ouvi, e...

"Eu sei, meu filho. Mas quero que saiba que falo com todos os meus filhos, minhas criaturas e minhas criações o tempo todo e durante todo o tempo! E falo com cada um segundo sua própria linguagem e capacidade de compreensão, pois todo pai sabe como falar com cada um de seus filhos, já que conhece a natureza de cada um deles. E eu sou o pai dos pais, meu filho amado!"

– Pai amado...

"Meu filho, aprenda a ouvir-me falando com meus filhos, com minhas criaturas e com minha criação. Depois ensine seus irmãos a ouvirem-me em tudo e em todos, inclusive em seus próprios íntimos, pois eu falo de dentro para fora enquanto tudo mais além de mim fala de fora para dentro.

Só eu lhe falo a partir de sua célula-mater, filho meu!"

– Pai amado... eu não quero perguntar por que estou descobrindo tudo isso e já conheço a resposta. Mas... devo revelar tantos Mistérios aos meus irmãos?

"Revele-os aos seus irmãos, mas também à religião que o acolheu em sua última encarnação e o amparou desde que você pôs seus pés nos templos de seus pais ancestrais."

– Por que, pai de minha vida e razão de viver?

"Porque você sempre culpou a si mesmo por seus erros, falhas e pecados, e nunca imputou culpas a nenhum de meus servos diretos, ou a mim, seu Pai Divino. E o quero também como mensageiro divino de seus pais ancestrais, que são as cores vivas do vivo arco-íris que agora vive em seu íntimo, e faculta a eles lhe falarem a partir de seu íntimo."

– Pai Divino, pai de minha vida, estou no limiar de Mistérios inimagináveis até pelo mais sábio de meus irmãos ancestrais. Nem nos livros santos eles estão revelados, ainda que ocultados de mil modos. Ninguém acreditará em mim, meu pai amado!

"Eu, seu criador, acredito em você, meu filho."

– Eu os revelarei, pois sinto que é sua vontade que em mim se manifesta como um desejo.

"Não, meu filho. Em você se manifestará como uma missão divina para com sua última religião no plano material humano, que, ao contrário do que revelam todos os livros santos, não é o fim último de meus desígnios. Ele é só o início de um que você iniciou quando assumiu seu Mistério original e tornou-se em si mesmo um semeador da vida."

– Pai amado, o senhor me abençoou em minha origem, e tem me abençoado o tempo todo durante todo o tempo. Mas deixe-me, ou melhor, conceda-me a divina graça de ouvi-lo abençoando essa minha nova missão divina. Por favor, meu generoso pai!

"Eu já a abençoei quando a pensei, tenho-a abençoado até este instante de sua vida, e abençoada será sua missão e a obra que revelará aos seus incrédulos irmãos, que preferem dar ouvidos aos ruídos externos que à voz interna que fala a cada um segundo sua capacidade de compreender-me."

– Pai amado. Quero continuar ouvindo-o por todo o sempre.

"Ouça-me em tudo e em todos, meu filho. Mas só me ouvirá a partir do íntimo, nunca do exterior. Conclua sua obra, pois nela estou falando através de você!"

– Sua bênção, meu Pai.

"Abençoado é, filho meu!"

Eu não resisti mais àquela manifestação divina que me alterava todo, e comecei a chorar, chorar e chorar. E choraria para sempre se não tivesse ouvido o calor de dor vindo do interior do ônix. Enxuguei meus olhos e subi à visão, percepção, sensibilidade e visão superior, com as quais iniciei o estudo do Mistério do ônix.

Comecei pelas deduções:

O Divino pai Oxalá era simbolizado pelo cristal transparente, o quartzo, cuja irradiação é transparente, mas traz em si as sete cores do arco-íris.

O Divino Oxumaré é simbolizado pelo arco-íris, pois traz em si suas cores.

Só que o Divino Oxalá é passivo e o Divino Oxumaré é ativo.

Então o Mistério é este: o Divino Oxalá irradia como o sol, em raios. E o Divino Oxumaré me irradia igual a esse ônix, e por isso vemos o arco-íris, pois são suas irradiações circulares. E se só as vemos naquela faixa, é porque aquele é o único pedaço da escala visual que nossa limitada visão alcança. E se não o vemos como um círculo, e porque só o vemos dentro do plano onde estamos, e que começa no solo que forma a base da dimensão onde estamos.

Então o Divino Oxalá forma com o Divino Oxumaré um par vibratório, pois pai Oxalá é a irradiação universal das sete cores, e o Divino Oxumaré é a irradiação cósmica delas. Oxalá pai é irradiação contínua e Oxumaré pai é irradiação alternada.

Mas alternada não significa que é uma sim e outra não. O que realmente acontece é que cada pulsar irradia uma cor.

Irradiação contínua ou universal é passiva e positiva pois é intermitente, e não sofre alteração. Cada raio é de uma cor, e flui ininterruptamente. E é universal, pois todos conseguem vê-la.

Irradiação alternada é cósmica, negativa e ativa, pois é irradiada em pulsares, e em cada pulsar irradia sete círculos com sete vibrações e sete cores diferentes, que as vemos como círculos coloridos que vão se expandindo infinitamente.

O Divino Oxalá tem como seu par natural ou feminino ideal a Divina Iemanjá. Ele simboliza a fé e ela, a vida. Ele é o sol e ela é a estrela.

O sol irradia-se em raios retos e a estrela em pulsares, ou corrente alternada.

Logo, se ela é alternada, então é semelhante ao Divino Oxumaré, que também é irradiação alternada. Mas se ambos têm as setes cores, pois ela tem as sete estrelas e ele o arco-íris, então formam um par natural magnético, pois ele é de magnetismo masculino e ela de magnetismo feminino. São magnetismos opostos nas vibrações (masculina e feminina), mas afins, pois ambos são circulares.

Pai Oxalá, quando atrai magneticamente, o ser é atraído em linha reta. Já Oxumaré e Iemanjá atraem em "ondas" ou em círculos que vão se fechando no centro.

A fé é reta, mas a vida não, pois está sujeita a contínuas alterações ou sobressaltos (as ondas).

Pai Oxalá é cristalino puro.
Mãe Iemanjá é aquática-cristalina.
Pai Oxumaré é cristalino-aquático-mineral.
Estrela Dourada do Arco-Íris é aquática-mineral-cristalina.
Eu devo ser cristalino-aquático-mineral.

Minhas irradiações tanto são retas (cristal) quanto circulares (água). Como serão as minerais?

Será que elas são duplas?

Sim, só pode ser isso, pois o Divino Oxumaré forma com ela um par energético-magnético na linha da concepção. Mas são polos opostos.

Mas, se a divina Iemanjá é a mãe da Vida, então... seu polo oposto é o pai da morte, que outro não é senão o divino e cósmico pai Omolu.

Sim, é isso!

O ônix é a pedra de meu pai Omolu, o Senhor da Morte!

Estou chegando perto.

A mãe da Vida é o pulsar que nossos olhos veem, por isso a vemos multicolorida.

Já o Divino Omolu deve ser o pulsar que não vemos, e por isso é descrito pelos videntes como opaco ou envolto por um manto negro.

Tenho de desenvolver uma visão circular se quiser ver as irradiações do ônix. A visão humana é reta e essa minha visão superior é irradiante, pois vejo tudo à minha volta, mas ainda em linha reta.

Medite! Reflita! Pense! Encantado do Arco-Íris! Você é capaz!

Fiquei milênios e milênios procurando a chave do Mistério. E tanto me abstraí de meu corpo energético que comecei a sentir algo além das ondas irradiadas pelo ônix. Entre uma e outra comecei a sentir um formigamento tanto na visão humana quanto na visão percepcional.

– Estou sentindo uma cor! – exclamei. – Já estou próximo da chave do Mistério! Sensibilidade!!!

A visão humana é a visão da mente.

A visão perceptiva é a visão dos sentidos.

A visão sensitiva é a visão das energias que fluem através das irradiações.

É isso! Descobri como ver o intervalo dos pulsares!

Eu sentia quando meu pai Omolu aproximava de mim quando estava no plano material. E era capaz de percebê-lo também, e só não o via porque me faltava a clarividência.

A sensitividade me permitia sentir sua aproximação e a intuição o identificava, assim como a todos os sagrados Orixás.

É isso mesmo. A sensitividade nos permite sentir o frio ou o calor, que são invisíveis. Mesmo não os vendo, nós os reconhecemos de imediato quando nos atingem.

Vamos, mente, pense que está prestes a revelar um Mistério do Divino Criador de meu amado pai Omolu, senhor da hora da meia-noite! A hora da passagem do dia que terminou para o dia que está se iniciando.

Vamos, mente! Ele rege o último suspiro do que morre, mas está no primeiro suspiro do que nasce!!!

Então ele está na última cor e na primeira.

A última é o lilás e a primeira é o cristalino-azulado.

Omolu pai é a morte, é o fúnebre, e o roxo profundo!

Pense, mente! Pense em como interligar a cor que está terminando com a que está começando!

Mente, lembre-se de que o lilás está de um lado do roxo profundo, e que o azul cristalino está do outro lado!

Vamos, mente! O que há com você? Não irá falhar agora, não é mesmo?

Busque em mim mesmo o que lhe falta! Vamos!

É isso! Ao lado do amado pai Omolu está a amada mãe Nanã, que é o lilás. E ela é a nona que antecede o fim, pois é a velhice ou senilidade.

Mente, o que está lhe faltando? Ó mente, minha inestimável mente, você é uma dádiva divina e traz em si ilimitadas capacidades. Vou dar-lhe um descanso porque senão vou sobrecarregá-la com minha ansiedade, pois já vislumbro a cor das ondas do ônix, mas ainda não consigo vê-las.

Isso, descanse enquanto reflito!

O ônix não é preto. Ele é o roxo tão comprimido que se torna impenetrável, que parece indevassável ou impenetrável à luz ou à minha visão humana.

E se ele é assim, mas sinto suas irradiações circulares como ondas do mar, ou círculos intermitentes, então aqui está a irradiação circular de minha mãe Iemanjá que é vida e azul cristalino. Mas se o ônix é a pedra de meu pai Omolu, então a vida está também na morte!

Será isso?

Ou não?

Vamos, mente. Você já descansou bastante e já tem mais informações que facilitarão seu trabalho. Acrescente essas informações e me dê a chave que me abrirá a visão que me mostrará a cor do ônix, e de meu amado pai Omolu!

Isso! Assim mesmo é que você deve procurar, mente cheia de recursos em si mesma. Isso, continue me enviando a chave. Sinto que está próxima de se tornar visível, afastando meus irmãos das chaves dos Mistérios.

Não, mente. Não quero imaginar nada, pois é a imaginação que tem afastado meus irmãos das chaves dos Mistérios. Anule a imaginação, mente racional!

Assim, isso mesmo!

Só quero o raciocínio puro, pois só ele fornece as verdadeiras chaves dos Mistérios.

Santos dos Santos! Pai dos Pais! Senhor dos Senhores! Mistérios dos Mistérios! Eu vejo a chave, meu amado Criador!

Ela está no senhor, meu pai!

O senhor está em tudo e em todos, o tempo todo e durante todo o tempo! O senhor não sofre quebra de continuidade, pois é tudo o que existe, formando em tudo.

A chave é um todo visual! Meu Deus Amado!

Unindo a visão humana à visão perceptiva e à visão sensitiva... crio a visão do todo visual... é isso!!!

Luz, cor e energia formam um todo, e visão, percepção e sensitividade são suas correspondências.

Luz, cor e energia estão tão amalgamadas que podemos ver a cor das energias irradiadas pelo sol quando passam por um cristal transparente.

É isso!!!

A visão cristalina é a soma da visão, da percepção e da sensitividade, pois nada lhe escapa. E se cristalino é sinônimo de cristal, que é sinônimo de transparência, e ele só reflete o que lhe chega, então a união desses três meios visuais é uma visão neutra que não vê, mas apenas reflete as cores, luzes e energias que passam por ele.

Não devo procurar ver, mas deixar que penetre em minhas três visões o que está me chegando nos intervalos das ondas.

Mas em verdade são partes de um todo, pois não existe o espaço vazio. O que existe é a não formalização do todo em nós mesmos.

Isso, mente! Repouse um pouco e deixe que tudo lhe chegue naturalmente. Isso. Já começo a ver a cor de meu amado pai. Como ela é linda! Como é bela a cor de meu pai ancestral!

Meu Deus! Eu já a vejo sem olhá-la!

Meu pai Omolu é sinônimo de terra e minha mãe Iemanjá é de água. Nas ondas, vejo seu azul-celeste e nos intervalos vejo a cor pura da terra, que é o roxo profundo, ou a densificação do lilás de minha amada mãe Nanã! E quando passa o roxo, começa a onda ou o azul cristalino, que é onde ela começa.

Isso... já vejo que não existe descontinuidade em nada e tudo está em todos, pois se o roxo é a morte, esta traz em si o lilás que é o fim, e o azul cristalino que é o início, que se concretiza no azul-celeste, que é o apogeu da vida.

Isso, a energia do ônix já está em mim, assim como sua cor, que, se é roxo forte, é porque traz em si pouca luz.

Mas em compensação traz muita energia, é cor concentradíssima.

Isso, mente. Não interfira até eu dominar essa minha visão global ou visão cristalina das coisas. Quando ela já for parte de mim, você poderá despertar lentamente.

Durou milhões de anos o aprendizado daquela nova visão global, mas valeu a pena, pois quando minha mente começou a despertar, eu já podia acompanhar as ondas ou seus refluxos, ou ficar nos intervalos, que eram terra, e vê-las passarem por mim.

Eu estava tão integrado que colhia com as mãos as energias aquáticas e as derramava em meu corpo energético, banhando-me com elas.

Quando via tudo, caminhei rumo ao centro do ônix. E a cada passo ia vendo que os círculos ficavam cada vez menores.

Senti vontade de correr para alcançá-lo logo, mas de meu íntimo me chegou a voz: não se apresse, meu filho! Contemple esse Mistério de seu pai amado e veja que as ondas partem em todos os níveis e vão formando uma esfera!

Meus olhos humanos começaram a derramar lágrimas cintilantes que iam formando círculos em todos os sentidos, já que eram furta-cores.

Parei e contemplei minha alegria na forma de lágrimas cintilantes.

– Avance, meu filho amado! Não se encante com essa visão de dois encantos!

– Sim, meu Pai amado.

Continuei caminhando com passos cadenciados, e logo vi um meio denso, à volta do qual jaziam milhares e milhares de ovoides, dos quais saíam gemidos de dor, aflição e desespero.

– Pai! – gemi antes de cair de joelhos.

– Não pare, meu filho amado. Continue e veja o que nenhum de seus irmãos jamais conseguiu ver antes, pois só desejavam ver-me com os olhos do medo da morte. Mas você está prestes a me ver, pois sempre me olhou com os olhos do amor, da fé e do respeito. E é assim que o vejo também. Vamos, vença a dor de seus irmãos, pois só assim você se integrará ao seu pai Omolu e daí em diante será um cura-dores de seus irmãos, já que meus filhos também são.

– Pai, são tantos!

– Esses são os espertos que achavam que podiam enganar à própria morte que os esperava em seus fins, meu filho. Venha juntar-se aos que são vistos como tolos pelos espertos, mas que por seus pais ancestrais são os mansos, que vêm iluminar os indevassáveis domínios dos senhores das horas das noites dos que não têm fé, amor ou respeito pelos Mistérios do Mistério da Criação, que é seu divino criador.

– Pai, já fui uma criança um dia. E sei que estive em seus braços.

– Isso você já foi, meu filho.

– Pai, recordo-me de ter beijado suas faces divinas.

– Isso você já fez, meu filho.

– Pai, quando acariciei suas faces, senti vida onde todos só veem o espectro da morte.

– Eu também me lembro disso, meu filho amado! Venha até seu pai que tanto o ama, filhinho de meu amor à vida.

— Pai, eu fui um dos muitos filhos seus que levou o espectro da morte ao meio humano.

— Mas com ele você também levou o esplendor da vida, meu filho. Não permita que os gemidos de dor de seus irmãos o privem desse reencontro que o habilitará a tornar-se um cura-dores!

— Pai, sinto tanta vergonha e remorso por ter tirado tantas vidas humanas!

— Você só as transformou, meu filho. A morte é a transformação de uma vida em outra. E se a transformação for para melhor ou para pior, só dependerá das reações de quem for alcançado por ela em uma das muitas vidas que teve, tem e terá.

— Pai, sinto-me envergonhado porque em muitas de minhas vidas acreditei que o senhor era um mal em si mesmo.

— Sei disso, e até me entristeci ao vê-lo me vendo como o espectro do mal. Mas eu sabia que, se me via como tal, era porque não lhe haviam ensinado que a morte é um Mistério da Vida, que é sua mãe Iemanjá. Venha, veja minha verdadeira face para que, quando você voltar para junto de seus irmãos ainda adormecidos, possa descrever-me como realmente sou. Pois sou o oposto de como tenho sido descrito por eles.

— Pai, estou ajoelhado e não consigo mover-me!

— Filho amado, o homem que se posta de joelhos diante de seu pai amado é visto com os olhos que vivem no íntimo de cada um dos filhos que amadureceram nas lides da vida. Cubra com o manto do amor de seu pai esse seu corpo infantil, e venha aos meus braços para que eu possa apertá-lo contra meu peito e sentir todo o amor que você está vibrando por esse seu pai amado!

Comecei a absorver o amor que meu pai Omolu irradiava para e em mim, e fui me deixando envolver por ele, e aos poucos senti-me uma criança, e gritei:

– Papai-tatá, eu o amo! Como eu o amo, papai!

E saí correndo na direção daquela esfera roxa. Que ainda me alertou:

– Filhinho, cuidado! Não corra, pois entre uma onda e outra você poderá cair!

– Não cairei, papai. Eu sou uma delas que está voltando para o senhor!

Então penetrei no interior da circunferência roxa, que só era roxa por fora, pois por dentro era tão clara como o interior de um quartzo puríssimo.

E no centro vi o majestoso e divino trono cósmico ocupado por meu papai-tatá Omolu!

Eu era uma criança, e aos prantos, e com os bracinhos estendidos, gritava:

– Papai-tatá, eu o amo, papai!

Minha vista estava embaçada pelas lágrimas, mas tenho certeza de que vi correrem duas de seus divinos olhos, que eram de um azul tão profundo que quase eram pretos como o ônix.

Quando cheguei diante dele, ajoelhei-me e pedi sua bênção:

– Dê-me sua bênção, papai-tatá!

–Eu já o abençoei, meu filho amado.

– Papai-tatá, posso abraçá-lo e beijar suas faces novamente?

– Venha, meu filho!

E meu papai-tatá colheu-me em seus braços e elevou-me, apertando-me contra seu peito, do qual saía um fluxo roxo que trespassava aquele meu delicado corpo infantil.

Senti-me inundado de um amor paterno tão denso que podia senti-lo. E retribuí com meu amor infantil e sublime. E acariciei suas faces e lhe dei mil beijos de amor.

Delas correram lágrimas que tentei enxugar, pois não queria vê-lo derramando-as.

— Papai, não chore, pois vou falar para todos os meus irmãozinhos que o senhor é tão lindo quanto meus papais-tatás das horas do dia!

— Também choro pelo que você fará, meu filho amado, pois sei que finalmente um filho meu me descreverá como realmente sou, e não como suas férteis mas medrosas mentes me imaginam.

— Papai, eu não me recordava mais de como o senhor era. Mas eu sabia que um pai que me ouvia chamar para que curasse meus irmãos, e os curava, não devia ser como eles o descreviam!

— Por isso também derramo lágrimas, meu filho amado.

— Eu não sei quantos crerão no modo que o descreverei, mas sei que todos os que crerem, nunca mais o imaginarão como o espectro da morte!

— Se só um dos seus irmãos crer no que você descreverá sobre mim, então a alegria que agora sinto um dia se repetirá, pois com certeza um dia ele também virá aqui, e me alegrará com seu amor puro, que é o amor irradiado pelos mansos de coração.

— Papai, posso ficar aqui com o senhor?

— Você sabe que uma das horas da noite é regida por mim, não?

— Agora eu sei, papai.

— Então poderá visitar-me na minha hora sempre que desejar, meu filho.

— Papai, lá fora há muitos irmãozinhos meus sofrendo. O senhor me deixa curá-los?

— Em meus domínios você já é um cura-dores, meu filho.

— Papai, seus olhos são muito lindos. Nunca vi outros iguais!

— Em meus domínios, os seus são parecidos com os meus.

— Papai, eu vou ser como o senhor, sabe?

— Sei, sim. Mas não se apresse, e só deseje ser como eu na hora regida por mim, está bem?

–Sim, senhor. Papai, eu o amo tanto!

– Eu também o amo, meu filho. Agora vá até onde estão aqueles seus irmãos mais velhos, e você será orientado por eles para que, na hora regida por mim, você possa vivenciar o curadores que já despertou em seu íntimo.

– Sim, papai. O senhor me dá um beijo?

– Dou-lhe dois, meu filho. Um em sua face direita e outro em sua face esquerda. E beijo sua mão direita e sua mão esquerda. E seu pé direito e seu pé esquerdo. E com as lágrimas de alegria que derramei, faço um colar roxo que coloco em seu pescoço. E junto todas as lágrimas de alegria, amor e vida que você derramou em meu peito e faço um coração roxo que penduro em seu colar, e que você ostentará de agora em diante sempre que chegar a hora da noite regida por mim, esteja você onde estiver, está bem?

– Está, papai! Na hora regida pelo senhor, todos os meus irmãos saberão que também moro em seu coração divino.

– Vá agora, meu filho. Seus irmãos ancestrais estão ansiosos por abraçá-lo. Mas não corra, porque correr na vida é uma tolice. E você já superou essa fase de sua vida. Agora é hora de caminhar, não de correr. Os tolos correm, os mansos caminham!

– Papai, dê-me sua licença e sua bênção!

– Eu o abençoo e dou-lhe minha licença, filho amado!

Desci do colo de meu papai-tatá Omolu, bati minha cabeça aos seus pés, aos quais beijei, e depois afastei sete passinhos, quando então me virei para sua direita e fui para junto de meus irmãos ancestrais.

Eles estavam longe, muito longe!

Eu sabia que os conhecia, mas estava tão longe que mal conseguia ver seus semblantes.

Projetei minha visão, e dois fachos roxos os alcançaram, permitindo-me vê-los individualmente. Mas por baixo do capuz que cobria suas cabeças eu nada via, pois era tão escuro quanto o ônix.

Eu só via um interior negro onde deveria haver um rosto. Sem voltar meu rosto, perguntei:

— Por que não vejo o rosto de meus irmãos ancestrais, papai-tatá?

— É porque eu estou atrás de você, acompanhando essa sua última caminhada, quando reencontrará seus irmãos ancestrais. E quando protejo a caminhada de um filho meu postado às suas costas, quem olha para meus filhos protegidos por meu manto com certeza verá, aí sim, o vivíssimo espectro da morte!

— Nessa minha última caminhada o senhor sempre me protegeu?

— Sim, meu filho. E na minha hora em sua vida, sempre o espectro da morte estava e estará às suas costas. E quem olhá-lo com ódio será odiado de morte. Mas quem amá-lo, será amado pela morte.

Aqueles a quem a morte odeia, rastejam. Mas os que por ela são amados, esses caminham!

— Papai-tatá, então a cobra negra é um de seus Mistérios?

— O mais mortal deles, meu filho.

— Papai, então quando, em muitas de minhas encarnações, e nesta última também, tentei matar a cobra negra, na verdade eu tentava matar o mais mortal de seus Mistérios?

— Sim, meu filho. Você foi mais um dos que desejou acabar com o perigo da morte. Mas quando você deixou de odiar a cobra negra, ela não se alimentou mais em seu ódio, e baixou sua cabeça mortal e voltou a rastejar à sua esquerda, pois é nela que esse meu mortífero Mistérios está assentado, e é através dela que ele se manifesta.

— Entendo.

— Eu sei que agora você entende. Você está crescendo e amadurecendo, meu filho amado!

Sem desviar os olhos de meus irmãos ancestrais, olhei-me e me vi já um moço formado. Continuei andando pausadamente, e fui me sentindo. E senti que amadurecia continuamente, mas sem pressa. E com a voz já adulta, voltei a falar com meu pai-tatá Omolu:

– Pai amado, quando eu contar aos meus irmãos tolos como o senhor é realmente, tenho certeza de que imediatamente eles começarão a amá-lo e com o tempo também deixarão de tentar matar a cobra negra que se levanta ameaçadora em seus caminhos.

– Tenho certeza de que isso acontecerá com meus filhos mansos, porque os astutos tentarão, e bem rápido, apossar-se desse meu Mistério.

– Meus irmãos espertos tentarão apossar-se do Mistério cobra negra?

– Sim, meu filho.

– Por que, meu pai amado?

– Porque eles são em si mesmos um dos muitos espectros da morte, e trazem em si tanto veneno mortífero que, quem for tocado por eles, com certeza será envenenado.

– Entendo, pai amado.

Eu fui tocado por alguns desses meus irmãos espertos, não?

– Foi sim, meu filho.

– Por que não morri, pai amado?

– Olhe-se, meu filho. Aí você saberá por que não morreu.

Olhei-me e me vi todo dourado. Tão dourado quanto o mais dourado dos dourados.

– O que significa isso, pai amado?

– Vida, meu filho, muita vida!

– Pai amado, o que é isso que está pingando de meus sentidos?

— São sementes vivas ou gotas de vida, meu filho. Em todo aquele que você inocular uma dessas gotas, com certeza ele renascerá no sentido de absorver sua semente viva da Vida.

— Pai amado, por que esse meu sentido se mostra tão poderoso e tão longo?

— Só ele sendo assim é que conseguirá ultrapassar as sete camadas e derramar essas gotas de vida no íntimo de quem está preparado para recebê-las. Você se lembra de seu Mistério?

— Lembro-me sim, meu pai amado.

— Preciso dizer-lhe mais alguma coisa sobre esse seu poderoso sentido?

— Não, pai amado. As sete camadas são as sete esferas ou sete faixas vibratórias, não?

— São sim, meu filho.

— O senhor Exu Guardião Sete Sombras é um Guardião das almas mortas, meu pai amado?

— Sim, meu filho.

— Entendo. O senhor Exu Guardião Sete Capas Pretas guarda as sete esferas sem uma cor aparente. E o senhor Exu Guardião Sete Sombras guarda as almas que aparentemente não têm luz. É isso, pai amado?

— É isso sim, filho amado.

— Pai amado, por que agora consigo interpretar corretamente todos os nomes simbólicos das linhas de Umbanda?

— Porque você já amadureceu tanto que se tornou um ancião, meu filho.

Olhei-me e me vi velho, muito velho. Mas algo em mim também amadurecia, e mostrava-se poderoso e resplandecente. E brilhava tanto que irradiava nas três formas que eu havia descoberto: na irradiante, na circular e na propagatória.

— Pai, por que sou assim nesse sentido, se nos outros já envelheci e tornei-me um ancião?

– Isso é assim mesmo, meu filho. Nesse sentido a maturidade ocorre em sentido inverso.

– Entendo. Quanto mais maturidade, maiores serão as emanações.

– Isso mesmo, meu filho que alcança a idade da razão com todo o seu vigor à flor da pele e com uma potência poderosíssima. Nesse seu sentido eu também me manifestarei quando for minha hora em sua vida.

– Isso o honrará, meu pai amado?

– Sim, meu filho.

– Como deverei agir se terei de penetrar no íntimo de um morto-vivo?

– Recorra a essa sua visão total e verá os mortos-vivos como me viu quando me olhou com ela.

– Olhando-o com ela o senhor é tão lindo como todos os meus outros tatás e babas das horas do dia, pai celestial.

– Olhe seus irmãos e irmãs com ela e os verá tão lindos quanto seus irmãos celestiais, meu filho celestial. Você os verá com os olhos da razão, e essa é a melhor das visões, pois dilui as aparências e mostra as formas; ultrapassa os efeitos e alcança as causas. E aí, com a visão da razão você semeará no íntimo de seus irmãos e irmãs suas gotas de vida, que os farão reviver e renascer para a vida eterna.

– Pai, estou tão velho que mal posso mudar meus passos.

– Isso o preocupa?

– Sim, meu celestial pai. Meus irmãos ancestrais ainda estão distantes.

– Use da razão, meu filho. Eu nunca me levanto do meu trono, e no entanto abraço todos os meus filhos amados. E sem tê-lo desocupado, estou bem atrás de você.

– As formas com que se expande e contrai?

– Sim. Já que não posso ir, propago-me junto com as ondas de sua mãe celestial, e quando alcanço meu filhos, os envolvo como envolvi sua alma infantil, e eles veem até onde estou, e me abraçam, me acariciam, me beijam e me amam com seus amores puros.

Quando você não conseguir dar mais nenhum passo, então proceda como lhe ensinei, meu filho já assentado à minha direita.

– Pai, já não consigo mover-me.

– Eu não lhe disse que você já estava assentado à minha direita?

– Mas ainda estou de pé, pai celestial.

– Não está, não. Você pensa que está, mas na verdade já está assentado em seu trono que é o regente da vida.

– O Divino Senhor Oxalá? Ele é meu pai ancestral?

– Sim, meu filho.

– E foi dele que herdei esse trono?

– Sim.

– Mas meu divino pai Oxalá não está adormecido, meu celestial pai-tatá Omolu?

– Não no coração dos vivos, pois ele ali pulsa como o amor. E não na mente dos mansos, pois ali ele vibra como a fé. Mas nos corações paralisados e nas mentes petrificadas, ele está adormecido. E só despertará quando os corações deles voltarem a pulsar no amor e suas consciências vibrarem na fé.

– Pai, já sinto meu trono, e já me assento sobre ele.

– Meu filho, jamais revele seu Mistério a quem desejar conhecê-lo, e jamais o negue a quem desejar reviver através dele.

– Assim ordena meu amado pai celestial tatá Omolu, e assim procederei.

– Chame seus irmãos ancestrais, meu filho.

– Estou tendo dificuldades em chegar até eles, meu pai.

– Você só chegará até eles através de minha irradiação, pois tanto você quanto eles são, em minha hora, irradiações minhas.

— Eu sou uma irradiação do senhor na hora regida pelo senhor, meu divino pai Omolu. Em sua hora, e através de sua irradiação divina, trarei para junto de mim tanto meus irmãos ancestrais quanto meus irmãos mais novos, assim como meus filhos, os filhos de meus filhos... e os filhos de meus filhos, que meus netos são.

— Proceda assim e me honrará com vidas, vidas e mais vidas. E onde os tolos e os espertos só veem morte, morte e mais morte, você só verá vida, vida e mais vida. Irradie-me, meu filho!

Fechei meus olhos e, com meu amor fraternal irradiado por meu coração energético, inundei o coração roxo pendurado em meu peito e dele fluiu a irradiação roxa de meu amado tatá Omolu, que se propagou à velocidade da luz. E no instante seguinte, na crista de uma onda de minha mãe Iemanjá, trouxe para perto de mim todos aqueles meus irmãos e irmãs celestiais. Mas não vi entre eles minha amada Estrela Dourada do Arco-Íris. Então lhe perguntei:

— Pai amado, onde está minha amada Estrela?

— Qual é a outra cor roxa, meu filho?

— É minha amada mãe celestial Nanã.

— É isso, meu filho. Enquanto você se assentava em meus domínios em minha hora em tua vida, ela se assentava nos domínios de sua amada mãe Nanã, pois só assim formam um par vibratório.

— Entendo. Em sua hora em minha vida ela estará lá.

— Sempre será assim, meu filho. Mas use a razão e a verá bem à sua frente, pois eu estou no roxo de sua amada mãe Nanã como o elemento masculino, e ela está no meu roxo como o elemento feminino, já que formamos um par natural, vibratório e energético.

— Já consigo vê-la, meu pai amado.

— Você deseja vê-la ao seu lado?

— Sim, senhor.

— O tempo todo durante essa hora dos dias de sua vida?

— Sim, senhor. E sinto que ela também vibra esse mesmo desejo.

— Para tê-la ao seu lado nessa hora, você terá de assentar-se nos domínios de sua amada mãe Nanã como o elemento masculino de sua amada Estrela.

— Também desejo isso, meu pai amado.

— Então desça de seu trono e vá buscá-la, meu filho.

— Posso deixar meu trono vazio?

— Só quando você se levantar para buscar alguém que deseja assentar-se em meus domínios, pois durante o tempo que você não estiver nele, eu o estarei ocupando por você.

— Pai amado, conceda-me sua licença para que eu caminhe até ela e a conduza até diante do senhor, para que a assente ao meu lado dentro de seus domínios.

— Já lhe concedi isso também, meu filho amado.

Quando me levantei, todos aqueles meus irmãos e irmãs se ajoelharam e curvaram suas cabeças, pois em meu trono assentou-se meu amado pai-tatá Omolu. E à medida que eu caminhava na direção dela, ia ficando curvado, pesado e lento. E me apoiava sobre meus joelhos, tal como ficara quando incorporava meus amados Pretos-Velhos. E ao lembrar-me daquilo, comecei a chorar, pois acabava de descobrir o Mistério de eles andarem curvados e com passos lentos e pesados!

Muito cansado e pesado, ajoelhei-me e exclamei:

— Pai amado! Não foi nada disso que me ensinaram sobre a razão de meus amados pais Pretos-Velhos ficarem daquele jeito assim que incorporavam.

— Eu sei, meu filho. Mas não os culpe, pois eles também aprenderam daquele jeito.

— Por que só agora estou aprendendo tudo isso?

– É para que de agora em diante ensine a seus filhos como são os Mistérios, e de como eles se manifestam durante suas incorporações, pois só assim eles não se ofenderão quando seus irmãos zombeteiros pilheriarem quando o Mistério "Preto-Velho" neles incorporar, e através desse Mistério seu amado pai Omolu e sua amada mãe Nanã se manifestarem.

Para ampararem a vida que resiste no íntimo dos que creem, reverenciam e ajoelham-se diante dos Mistérios, que sempre são manifestações intermediárias do Mistério dos Mistérios: seu Divino Criador Olorum!

Ali, ajoelhado, eu choraria para sempre se uma envelhecida mão feminina não tivesse cruzado o solo roxo à minha frente, e uma doce voz maternal não tivesse escutado e dito:

– Por que meu amor ancestral está chorando, se desejo vê-lo sorrindo ao conduzir-me até os pés de nosso amado pai Omolu para que finalmente nossa união seja abençoada por ele, e em seus domínios passemos a formar mais um par bendito?

Enxuguei minhas lágrimas e lhe sorri. Depois peguei em sua mão direita, e unidos caminhamos até onde nosso amado pai Omolu estava assentado. Curvados, e com passos lentos e pesados, seguíamos por um corredor que tinha de um lado todos os meus irmãos, e do outros todas as minhas irmãs ancestrais, que na Umbanda Sagrada, e na hora regida por meus pais ancestrais Tatá Omolu e Baba Nanã, são vistos como anciões e chamados de pais e mães mais velhos, ou Pretos e Pretas-Velhas.

E todos eles cruzaram o solo às suas frentes quando passávamos diante deles, e nos abençoaram em nome de nossos pai-tatá Omolu e baba Nanã.

Quando ficamos diante do trono, nos ajoelhamos e beijamos os pés dele, que nos estendeu suas mãos, as quais também beijamos. Então ele nos falou:

– Só em duas oportunidades inesquecíveis meus filhos ficam de pé à minha frente e contemplam meu rosto, e veem minha face divina.

A primeira é quando retornam aos meus domínios movidos pelo amor puro, e os recebo como meus infantes.

A segunda é quando, conscientes da minha divindade celestial, conscientemente amadurecem, se unem, formam um par celestial, e respeitosamente vêm até minha frente e pedem que eu abençoe suas divinas vidas, pois desejam assentar-se em meus domínios e serem regidos por mim durante minha hora em suas vidas.

Eu os abençoo, meus filhos amados. E em nome do nosso Divino Criador, os abençoo, abençoo e abençoo. E que por todo o sempre seja abençoada a união entre a Estrela da Geração e a estrela da vida, que unidas formam o par vibratório, magnético e energético que na minha hora será saudado como o Mistério da Estrela da Luz Roxa da Vida.

Levantem-se, meus filhos estrelados!

Levantem-se, contemplem meu rosto, vejam minha face divina, permitam que esse seu pai colha nela seu amoroso beijo filial que selará sua imortal união, e depois se assentem um de cada lado desse pai ancestral que tanto os ama!

Nós nos levantamos e, com os olhos cobertos de lágrimas, vimos seu rosto celestial, contemplamos sua face divina, nós a beijamos com todo o nosso amor filial, e a seguir nos assentamos ao lado dele. Eu fiquei de frente para a fila de Pretos-Velhos e ela de frente para as de Pretas-Velhas. A seguir meu pai recuou seu trono, ficou atrás de nós, juntou os nossos, uniu nossas mãos e falou:

– Estarei atrás de vocês por todo o sempre, e quem tiver olhos para me ver, me verá através dessa estrela roxa que encima os tronos ocupados por vocês, Estrelas Roxas da Luz da Vida!

Agora retorno ao meu trono celestial, e os deixo aos cuidados de sua amada mãe Nanã, que os receberá e abençoará essa vossa união e os assentará nos domínios dela com um nome simbólico que os distinguirá entre todos os outros pares neles já assentados.

Não vou descrever tudo o que aconteceu até nossa amada mãe Nanã, já atrás de nós, ter nos dito:

– Agora vou afastar-me e retornar ao meu trono celestial, que fica bem ao lado do trono celestial ocupado por vosso amado pai Omolu, pois em verdade, como todas as horas estão colocadas lado a lado e formam um todo que nominamos de "tempo", nós, seus pais ancestrais regentes de todas as horas de suas vidas abençoadas, formamos um Arco-Íris Divino chamado de Arco-Íris Celeste!

Recolham em si mesmos os tronos Mistérios do Mistério Estrela da Luz Roxa da Vida, e saúdem todos os vossos irmãos e irmãs ancestrais que formam pares celestiais nos domínios da luz roxa.

Fizemos como ela havia nos ordenado, e quando, curvados e com passos lentos e pesados, saudamos o último par de Pretos-Velhos, eles nos ordenaram:

– Levantem-se, amados irmãos nossos! Levantem-se e contemplem nossos rostos e vejam como são divinas as lágrimas de alegria que derramamos por finalmente podermos abraçá-los como realmente todos nós somos: irmãos, irmãos e irmãos!

Nós nos levantamos e vimos os rostos de nossos irmãos e irmãs ancestrais que no Ritual de Umbanda Sagrada manifestam os Mistérios do Mistério "ancião". E vimos que eram tão lindos, mas tão lindos, que desejamos acariciá-los, tocá-los e beijá-los, beijá-los... e amá-los!

E ali ficaríamos para sempre se ao longe uma voz infantil já minha conhecida não tivesse gritado:

– Vovô tatá, onde está o senhor?

– Meu filho amado!!! – exclamei.

– Meu neto amado!!! – exclamou meu pai ancião, que na hora regida por meus pais Omolu e Nanã formava um par vibratório com uma de minhas mães anciãs, mas que não vou revelar quem é.

– Vovô, por que estão demorando tanto? As titias já prepararam a mesa que o senhor pediu!

– Por que você está com tanta pressa, meu netinho amado?

– Vovô, as titias também fizeram uma mesa só para nós. E ela está coberta de deliciosos docinhos, vovô!!! Vamos logo, vovôs e vovós!

– Ah, essas crianças! Não podem ver uma mesa cheia de doces que já ficam agitadas! – exclamou meu pai ancião, que me pediu: – Meu filho amado, recorra ao seu arco-íris encantado e conduza todos nós até aquele lugar encantado onde você consagrou-se à nossa mãe Iemanjá!

– Papai!!!

– O que há de tão estranho nesse meu pedido? Será que nós, os anciões, não podemos, ao menos uma vez em nossas vidas, passearmos de mãos dadas pelo arco-íris celeste?

– É claro que podem. Os senhores não imaginam o quanto os amamos!

– Imaginamos sim, pois os amamos com todo o nosso amor, adorável par de filhos amados! – exclamaram todos aqueles nossos pais e mães anciões, que são nossos irmãos ancestrais, que são os Orixás intermediários do Ritual de Umbanda Sagrada.

Fim

Leitura Recomendada

O Cavaleiro da Estrela Guia

A Saga Completa
Rubens Saraceni – Inspirado por Pai Benedito de Aruanda
Neste livro, é narrada a saga completa de Simas de Almoeda, ou o Cavaleiro da Estrela Guia, homem perseguido por uma terrível história e por um implacável sentimento de culpa, apesar de suas ações e realizações maravilhosas. Por meio do desenrolar dessa narrativa, vários ensinamentos a respeito da realidade do "outro lado da vida" são revelados, dando ao leitor a exata dimensão dos atos humanos, colocando-o diante de situações que expressam os conflitos do homem do novo milênio, tais como religião, fé, riqueza, poder, alma.

O Cavaleiro do Arco-Íris

O livro dos mistérios
Rubens Saraceni
Este é mais um trabalho literário do Mestre Mago Rubens Saraceni que certamente cairá no gosto do leitor, tendo em vista que se trata de um livro iniciático, que apresenta a saga espiritual do Cavaleiro do Arco-Íris, o qual é um mistério em si mesmo e um espírito humanizado a serviço do Criador nas diversas dimensões cósmicas do Universo Divino.

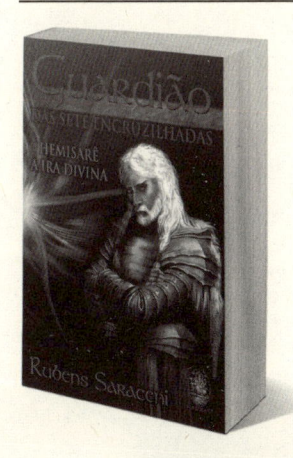

Guardião das Sete Encruzilhadas

Hemisarê – A Ira Divina
Rubens Saraceni
O leitor irá se surpreender com o relato narrado por Hemisarê, o personagem central desta obra. Não se trata da história de um espírito "comum", já que ele é um ser que classificamos como um mistério em si mesmo e um manifestador natural de determinados poderes só possuídos por espíritos guardiões dos mistérios da criação. Hemisarê faz revelações sobre os espíritos com desequilíbrios ou viciações no sétimo sentido, que é o da geração da vida, e mais especificamente, sobre a sexualidade desvirtuada. Durante boa parte da leitura, ele nos conduz às esferas sombrias e ao cerne do desequilíbrio dos espíritos.

www.madras.com.br

Leitura Recomendada

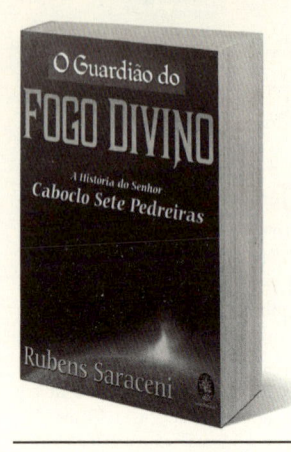

O Guardião do Fogo Divino

A História do Senhor Caboclo Sete Pedreiras
Rubens Saraceni

O Guardião do Fogo Divino narra a trajetória de vida do Caboclo Sete Pedreiras durante os séculos de sua existência, desde sua infância, e sua longa jornada à procura do grande amor de sua vida. "José", o personagem que possui poderes mágicos e que com eles ajuda e orienta as pessoas, conhece, de tempos em tempos, todos os seus pais e mães espirituais e, assim, vai aprimorando cada vez mais os seus poderes. O Guardião do Fogo Divino era seu mestre pessoal.

Os Guardiões dos Sete Portais

Hash-Meir e o Guardião das Sete Portas
Rubens Saraceni

O Guardião dos Sete Portais de Luz do Templo da Deusa Dourada e O Guardião das Sete Portas. Hash-Meir é um mago do grande círculo do Grande Oriente que foi preparado, desde o seu nascimento, para enfrentar, com o propósito de vencer, a encarnação do Grande Guardião das Sete Portas das Trevas, Ptal.

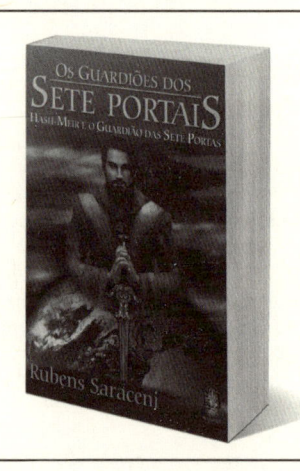

O Guardião das Sete Cruzes

Um Livro Mistério
Rubens Saraceni

O Guardião das 7 Cruzes é um romance mediúnico no qual o autor espiritual, Pai Benedito de Aruanda, se serve da "Biografia" de um espírito para revelar uma pequena parte dos mistérios da criação, conduzindo o leitor ao interior deles por meio dos diálogos que trama entre os seus principais personagens, que são os espíritos guardiões dos mistérios e as divindades manifestadoras deles.

www.madras.com.br

MADRAS® Editora — CADASTRO/MALA DIRETA

Envie este cadastro preenchido e passará a receber informações dos nossos lançamentos, nas áreas que determinar.

Nome _____
RG _____ CPF _____
Endereço Residencial _____
Bairro _____ Cidade _____ Estado ____
CEP _____ Fone _____
E-mail _____
Sexo ❑ Fem. ❑ Masc.   Nascimento _____
Profissão _____ Escolaridade (Nível/Curso) _____

Você compra livros:
❑ livrarias   ❑ feiras   ❑ telefone   ❑ Sedex livro (reembolso postal mais rápido)
❑ outros: _____

Quais os tipos de literatura que você lê:
❑ Jurídicos   ❑ Pedagogia   ❑ Business   ❑ Romances/espíritas
❑ Esoterismo ❑ Psicologia ❑ Saúde   ❑ Espíritas/doutrinas
❑ Bruxaria   ❑ Autoajuda   ❑ Maçonaria ❑ Outros:

Qual a sua opinião a respeito desta obra? _____
_____

Indique amigos que gostariam de receber MALA DIRETA:
Nome _____
Endereço Residencial _____
Bairro _____ Cidade _____ CEP _____

Nome do livro adquirido: **Mistério do Guardião do Arco-Íris Divino**

Para receber catálogos, lista de preços e outras informações, escreva para:

MADRAS EDITORA LTDA.
Rua Paulo Gonçalves, 88 – Santana – 02403-020 – São Paulo/SP
Caixa Postal 12183 – CEP 02013-970 – SP
Tel.: (11) 2281-5555 – Fax.: (11) 2959-3090
www.madras.com.br

MADRAS® Editora

Para mais informações sobre a Madras Editora, sua história no mercado editorial e seu catálogo de títulos publicados:

Entre e cadastre-se no site:

www.madras.com.br

Para mensagens, parcerias, sugestões e dúvidas, mande-nos um e-mail:

marketing@madras.com.br

SAIBA MAIS

Saiba mais sobre nossos lançamentos, autores e eventos seguindo-nos no facebook e twitter:

@madrased

/madraseditora